·能源经济文库·

加快生态文明建设 推动能源发展转型

面向碳中和，世界核电走向何方？

全球核电发展趋势和主要国家政策演变

杨晶 李海 等◎著

WHAT'S THE FUTURE OF NUCLEAR POWER FACING CARBON NEUTRALITY?

Global Trends and Policy Evolution of Major Economies

中国经济出版社
CHINA ECONOMIC PUBLISHING HOUSE
·北京·

图书在版编目（CIP）数据

面向碳中和，世界核电走向何方：全球核电发展趋势和主要国家政策演变 / 杨晶等著. -- 北京：中国经济出版社，2024. 12. -- ISBN 978-7-5136-8031-8

Ⅰ. F416.23

中国国家版本馆 CIP 数据核字第 2024YL0971 号

策划统筹 姜 静
责任编辑 姜 静 王西琨
责任印制 马小宾
封面设计 任燕飞工作室

出版发行 中国经济出版社
印 刷 者 北京富泰印刷有限责任公司
经 销 者 各地新华书店
开　　本 710mm × 1000mm 1/16
印　　张 9.5
字　　数 136 千字
版　　次 2024 年 12 月第 1 版
印　　次 2024 年 12 月第 1 次
定　　价 88.00 元
广告经营许可证 京西工商广字第 8179 号

中国经济出版社 **网址** http://epc.sinopec.com/epc/ **社址** 北京市东城区安定门外大街 58 号 **邮编** 100011
本版图书如存在印装质量问题，请与本社销售中心联系调换（联系电话：010-57512564）

前言
PREFACE

自 1954 年苏联的奥布宁斯克核电站诞生以来，民用核电站的商业化历程已经走过了 70 年。其间，世界核电的发展进程犹如“过山车”，出现、兴起、放缓、复苏、停滞、复兴……经历了数次难以预测的变化。20 世纪 70 年代的世界石油危机，为刚出现的民用核电技术创造了千载难逢的历史机遇，出于能源安全稳定供应和保障经济增长的考虑，美国、苏联、法国、日本等国政府制订了庞大的核电站兴建计划，全球核电在发达国家的引领下进入了第一次大发展时期。

然而，1979 年的三哩岛核事故与 1986 年的切尔诺贝利核事故及其未料到的严重后果，引发了公众对核电安全性的广泛担忧甚至恐慌，从而大大放缓了世界核电发展的节奏。直到 1992 年《联合国气候变化框架公约》(United Nations Framework Convention on Climate Change, UNFCCC) 通过、2005 年《京都议定书》(Kyoto Protocol) 生效，全球应对气候变化逐步进入实质性减排阶段，叠加同时期世界能源需求、国际石油价格快速上升，核电作为仅有的稳定、经济、零碳的能源供应方式，才得到各国的再次重视，在加强核安全措施的前提下，全球核电站建设呈现复苏之势。

2011 年的日本福岛核事故再次打破了这一进程，安全压倒了一切，世界核电发展又一次按下了“暂停键”。其中，以德国为代表的部分国家，提出了关闭所有核电站的政策目标并最终得以实现。尽管 2015 年通过的《巴黎协定》（the Paris Agreement）及 2020 年欧盟引领的全球“碳中和”浪潮进一步增强了核电发展的必要性，但各国政府迫于安全担忧和公众压力，迟迟难以转变对核电发展的谨慎态度。

直到 2021 年和 2022 年，新冠疫情后经济快速复苏、俄乌冲突先后引发了持续近两年的欧洲能源危机，在严峻的现实和“不可能三角”面前，各国不得不在追求能源安全和能源转型双重目标的过程中重新审视核电的作用，对核电重新定位。2023 年 12 月，在第二十八届联合国气候变化大会（《联合国气候变化框架公约》第二十八次缔约方大会，28th Conference of the Parties to the United Nations Framework Convention on Climate Change，COP28）上，美国等 22 国发起“2050 年 3 倍核能”宣言（Declaration to Triple Nuclear Energy）①，标志着世界核电发展已进入复兴的新阶段。这一次世界核电大发展的主力军既有美国、法国、日本、韩国等发达国家，也有东南亚、南美洲、非洲等地区的众多发展中国家，归根结底是因为各国都逐渐认识到，在抵达 21 世纪中期“碳中和”的路途上，核电是不可缺少的选项，甚至是除化石能源之外唯一稳定且经济的能源供应来源。

回顾世界核电发展跌宕起伏的历史可以发现，核电的命运不仅取决于经济可靠的技术、规范的建设、安全稳定的运行等行业自身的“素质”，更与世界经济、大国博弈、气候变化、科技革命、各国产业政策等多方面的复杂变量密切相关，对宏观环境高度敏感，这是核电行业发展的底层逻辑。2024 年，我们正站在世界核电发展的“路口”，有望见证历史翻开新的一页。因此，本书希望能够基于对 2020 年以来

① 编者注：“2050 年 3 倍核能”宣言也称《三倍核能宣言》。截至 2024 年 11 月 13 日，《三倍核能宣言》签署国家和地区数量为 31 个。

全球核电发展众多宏观影响因素的梳理和分析，总结出当前核电发展面临的新形势、新特点、新动力，并聚焦主要国家和经济体核电发展的最新政策和驱动因素，为读者呈现当前世界核电发展新的面貌，以及全球实现碳中和过程中对核电的新定位和未来可能的前景。

本书的研究思路和内容框架来源于杨晶、高虎。全书共分为八章，主要内容及编写人员如下：第一章梳理了碳中和背景下全球能源转型发展趋势及核电发展动态，由杨晶、李海撰写。第二章分析了欧盟及其主要国家能源转型及核电发展政策演变，由李海撰写。第三章总结了美国能源转型及核电发展政策演变，由王嘉懿撰写。第四章分析了日本和韩国能源转型及核电发展政策演变，由戢时雨撰写。第五章总结了俄罗斯能源转型及核电发展政策演变，由杨万涛撰写。第六章梳理了印度能源转型及核电发展政策演变，由杨万涛撰写。第七章梳理了其他国家能源转型及核电发展政策演变，由戢时雨、高虎、杨万涛、孙俊、杨晶撰写。第八章总结本书的主要观点，由杨晶撰写。全书的统稿、校对工作等由杨晶、李海完成。

在摸索中曲折前行是核电行业的“宿命”。世界核电过去70年的发展始终充满争论，而且未来这些争论仍将持续，无论是支持者还是反对者的声音，都值得倾听和讨论。由于时间和能力有限，本书内容有很多不尽完善之处，敬请读者批评指正！

编写组
2024年8月

目 录

CONTENTS

第一章　碳中和背景下全球能源转型发展趋势及核电发展动态

一、全球能源发展新趋势、新特点

（一）全球能源低碳化无碳化转型势在必行

1. 推动能源绿色低碳转型是应对气候变化、实现可持续发展的必然选择

能源是人类文明进步的重要物质基础和动力。从人类文明和社会发展的角度看，能源转型是人类文明发展和进步的重要驱动力，人类文明的每一次进步，往往伴随着能源体系的重塑、主体能源的变更和能源开发利用技术的变革。第一次能源转型开启了煤炭大规模利用的序幕，催生了人类文明进入“蒸汽时代”；第二次能源转型推动了石油和天然气的大规模利用，保障了人类文明相继进入“电气时代”和“信息时代”。从木柴到煤炭，从煤炭到油气，化石能源的开发利用为人类带来了巨大财富，同时也造成了巨大的环境问题，如全球变暖、极端天气等打破了地球生态系统平衡，人与自然深层次矛盾日益凸显。

根据世界气象组织的研究，2011—2020 年是人类有气象记录以来最暖的 10 年，2023 年全球平均气温比工业化前水平升高 1.45 ± 0.12℃，气候变化带来的极端气候事件频发、物种灭绝、海平面上升、农作物减产等重大风险，严重威胁着人类生存和可持续发展。科学已经证实，自工业革命

以来人类活动特别是大量消耗化石能源产生的二氧化碳等温室气体是导致气候变化的主要原因，控制温室气体排放刻不容缓。因此，推动能源低碳转型已然成为改善环境质量、应对气候变化、促进经济可持续发展的必然选择。

2. 应对气候变化按下“加速键”

气候变化给各国经济社会发展和人民生命财产安全带来严重威胁，应对气候变化关系全人类的根本利益。2015 年《联合国气候变化框架公约》（以下简称《公约》）第 21 次缔约方大会通过的《巴黎协定》，确立了将全球温升控制在较工业化前水平提高 2℃以内并努力控制在 1.5℃以内的长期目标，明确了全球应对气候变化的长期愿景和制度安排，明确了未来绿色低碳转型的大方向，需要各国携手努力共同落实。2015 年《巴黎协定》通过以来，温室气体排放导致的气候变化问题备受关注，能源绿色低碳转型成为各国共识，全球应对气候变化行动按下“加速键”。特别是欧盟、中国、美国先后宣布碳中和目标后，全球应对气候变化行动快速推进。截至 2023 年底，全球明确提出碳中和目标的经济体超过 150 个，覆盖全球温室气体排放近 90%。主要发达国家能源消费和碳排放已经达峰，普遍将碳中和目标设定在 2050 年左右。未来一个时期，发展中国家仍处于工业化、城市化进程中，能源消费和碳排放量还将继续上升，实现碳中和面临的压力巨大。全球向 UNFCCC 提交长期温室气体低排放战略情况如图 1–1 所示。

未来，碳排放将成为各国各行业发展的重要约束条件，也决定了其战略发展空间。碳中和目标将引发技术和产业深刻变革，高碳排放行业发展规模、产业布局、技术工艺等都将面临重大调整，数字化、智能化、低碳化技术将加速应用，新能源、新材料、现代制造等产业预计会实现跃迁式发展，全球碳定价和碳边境调节机制加快推进，绿色低碳产业将成为未

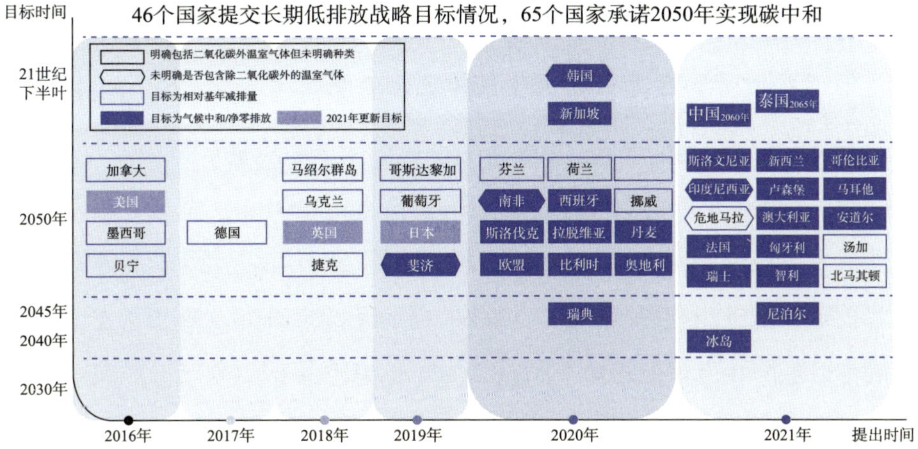

图 1-1　全球向 UNFCCC 提交长期温室气体低排放战略情况

资料来源：作者根据公开资料整理绘制

来大国竞争主战场。2023 年 12 月，第二十八届联合国气候变化大会（COP28）发表声明，到 2030 年将全球可再生能源装机容量提升至 3 倍，全球能源效率提升至 2 倍。太阳能、风能等可再生能源正成为世界各国能源低碳转型主力军，并加快与电动汽车、储能、氢能等产业深度融合，在工业、建筑、交通等领域实现大规模应用，以非化石能源为主体的新型能源体系将逐步形成。

（二）新兴能源技术蓬勃发展成为引领全球能源转型新引擎

绿色低碳是新一轮能源革命的主要特征。长期以来，煤炭、石油、天然气等化石能源是全球能源供应的主体。近年来，全球新一轮科技革命和产业变革蓬勃兴起，新能源、先进核能、新型储能、氢能等领域的能源技术以前所未有的速度加快迭代，共同为能源清洁低碳转型提供技术支撑和澎湃动力。

1. 风电、太阳能发电等可再生能源技术不断进步、成本持续下降，在能源消费增量和存量中加快替代传统化石能源

根据国际可再生能源署（International Renewable Energy Agency，IRENA）《2023年可再生能源发电成本》报告，2010年，全球光伏发电的平准成本（Levelized Cost of Energy，LCOE）为0.46美元/千瓦时，但是随着技术快速进步和持续迭代，成本大幅下降，2023年全球光伏发电的平准成本已经降至0.044美元/千瓦时，仅为2010年的十分之一左右。风电成本同样降幅明显，如图1–2所示，2010年全球陆上风电的平准成本为0.111美元/千瓦时，随着风电机组大型化智能化持续推进，2023年陆上风电平准成本已经下降至0.033美元/千瓦时，海上风电平准成本也从2010年的0.203美元/千瓦时下降到2023年的0.075美元/千瓦时，降幅分别超过70%和60%。

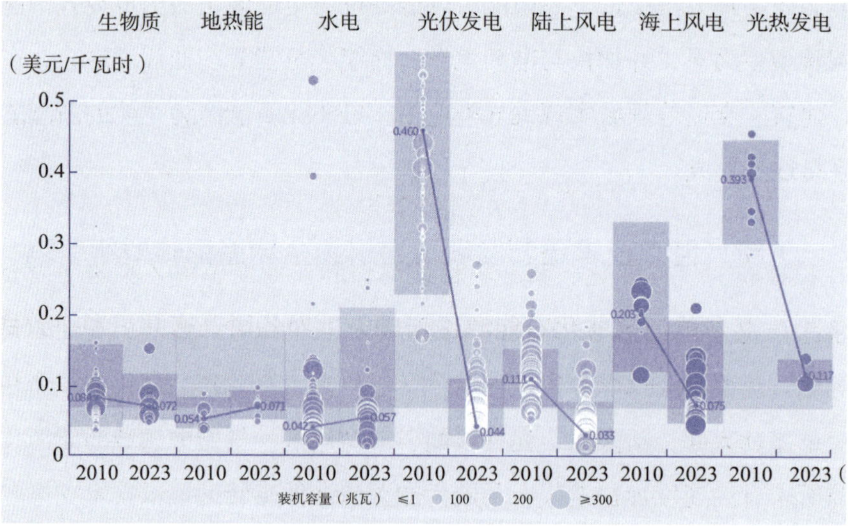

图1–2 2010年和2023年全球发电技术成本变化趋势

数据来源：国际可再生能源署

与此同时，可再生能源和化石能源价格竞争格局发生了重大变化。与2010年相比，欧洲化石燃料发电成本增长了3倍。特别是近年来的化石燃料危机，进一步加速了可再生能源的竞争力。根据国际能源署（International Energy Agency，IEA）发布的《2023年可再生能源报告》，2022年全球可再生能源新增装机容量为2.95亿千瓦，同比增长9.6%，创历史新高；2023年全球可再生能源新增装机容量进一步提升至5.1亿千瓦，较上年增长70%以上，其中太阳能发电占全球新增电力装机容量的3/4，是可再生能源快速发展的主要贡献者。从国别来看，中国的增长幅度最大，2023年新投产的光伏装机容量相当于2022年全球新增光伏装机容量的总和，中国的风电新增装机容量也同比增长了66%。

在技术和市场双重因素作用下，可再生能源发电在全球能源系统中的作用越发重要，推动由增量替代加快向存量替代转变。根据国际能源署统计，2000—2020年，可再生能源占全球能源消费增量的比重为25%；而2010—2020年，这一比重提高至55%。2015年以来，在全球新增发电装机容量中，可再生能源约占70%，在全球新增发电量中，可再生能源约占60%，保持快速增长趋势。

2. 国际社会均将大力发展新能源视为未来能源发展的主要方向

在积极应对气候变化、新一轮科技革命和产业变革深入推进等背景下，大力发展新能源等非化石能源逐步成为世界各国普遍共识和一致做法。美国、欧盟等国家和地区纷纷提出加速新能源发展的计划。美国延续“能源独立”战略，通过设立法案和计划，支持可再生能源技术创新，为新能源产业提供资金和政策支持。欧盟将大力发展新能源作为应对气候变化和推进能源转型的重点，推动绿色新政一揽子计划，发布《欧盟实现经济、安全和可持续能源供应的联合行动》《欧洲风电行动计划》，提出推广太阳能和风能、加速氢能部署等措施，增加投资支持海上风电、绿氢、可再生燃料等领域发展。日本希望通过全面系统布局主导全球氢能产业链，在氢燃料电池研发方面取得了相对领先地位。未来，随着低成本可再生能源与电动汽车、绿色建筑、储能、绿氢等技术加速融合，以及信息化、智能化技术赋能，传统能源生产利用方式将从根本上发生改变。

此外，国际社会也大幅提升了可再生能源发展目标。联合国政府间气候变化专门委员会（Intergovernmental Panel on Climate Change，IPCC）研究认为，为把全球温升控制在1.5℃左右，2050年可再生能源应占电力供应的70%～85%；国际能源署、国际可再生能源署等机构的研究也指出，2050年全球85%～90%的发电将来自可再生能源。2023年中美关于加强合作应对气候危机的阳光之乡声明、第二十八届联合国气候变化大会（COP28）的全球可再生能源和能源效率承诺，均提出努力争取到2030年实现全球可再生能源装机容量增至3倍。

3. 储能、氢能等新技术以及多元融合新业态将成为能源绿色低碳转型的重要组成

由于风电、光伏等新能源发电具有间歇性、波动性，当大规模、高比例接入电网时，需要灵活调节资源作为支撑，进而平抑或减少新能源发电出力不稳定的影响。目前看来，新型储能、氢能被认为是促进新能源高质量消纳、保障电力系统安全稳定的有效手段之一。

一方面，新型储能可以在电力需求低谷时储存多余的电能，在电力需求高峰时释放，从而平衡日内电网负荷。近年来，在新能源发电成本快速下降的同时，电化学储能技术快速迭代。过去十年，锂离子电池成本下降了90%以上，且未来仍有较大的下降空间。若以新能源配储能比例20%、储能满功率放电时长2小时为边界条件，2030年锂离子电池储能平准成本（Levelized Cost of Storage，LCOS）可降至0.35～0.4元/千瓦时，2050—2060年有望进一步降至0.1～0.2元/千瓦时。在技术进步、产业规模化

发展趋势下，风电、光伏等新能源发电技术成本也将持续下降，未来完全可能进入“一毛钱时代”。届时，新能源 + 储能的经济性优势将逐步显现，在用户侧管理、调峰、调频、可再生能源并网等领域都具有较大的应用空间。

另一方面，氢能是二次能源，具有清洁、高效、低碳、灵活等特点，可在新能源多发时进行电解水制氢，并通过对火电机组适当改造后掺氢（氨）或进行 100% 氢能发电，从而提供跨季节、长周期的电力电量调节，与电化学储能等其他新型储能技术形成互补。目前，欧盟、美国、日本、韩国等发达国家和经济体纷纷制定了氢能发展路线图，加快推进氢能产业技术研发和产业化布局。我国氢能发展也取得了一定进展，未来在实现碳中和过程中，终端电气化将推动能源系统形成“以电为核心”的消费格局，而在钢铁、化工原料等难以电气化的领域中，氢能将成为实现脱碳的重要选项，“电气化 + 电氢化”将成为能源利用的主要方式。

此外，多能融合和协调互动发展将成为重要趋势。随着新能源快速发展，能源生产消费布局将向集中式与分散式并重转变，以新能源为主的综合能源服务系统将广泛提供电力、制冷制热、储热等，形成源网荷储一体化的绿色供能用能模式。比如，电动汽车的车网互动（Vehicle-to-Grid，V2G）通过充换电设施与供电网络相连，构建新能源汽车与供电网络的信息流、能量流的双向互动体系，有效发挥动力电池作为可控负荷和移动储能的灵活调节能力，为新型电力系统的高效经济运行提供重要支撑。煤电掺氨发电、气电掺氢发电等新能源和传统能源互补应用的技术经济性有望逐渐提升，通过掺氨、掺氢对煤电和气电进行燃料替代，将有效提升降碳减排效果。

（三）碳约束可能成为国际贸易和产业合作新壁垒

历次工业革命都以能源革命为先导，碳中和大势将进一步加速能源科技创新和产业变革，并对传统产业转型升级、新兴产业壮大发展等产生重要的带动效应。在此背景下，碳排放空间成为经济发展重要约束，传统高碳行业发展规模、布局、技术等面临深刻调整。碳定价、碳边境调节机制、绿色金融等不断发酵，国际贸易和治理规则可能出现重大变化，发达国家碳定价覆盖范围不断扩大，欧盟等地区碳价水平持续上升，并且由国内政策向国际贸易政策方面不断拓展。

一方面，欧美持续提高产品碳足迹管控要求，加快推进产品碳足迹管理政策制定及立法工作。2023 年 4 月 18 日，欧洲议会正式通过欧盟碳边境调节机制（Carbon Border Adjustment Mechanism，CBAM，简称碳关税）协议，确定欧盟碳关税将于 2023 年 10 月开始生效，过渡期至 2025 年底，2026 年正式实施，届时将对钢铁、铝、水泥、化肥、电力、氢等 6 个行业产品及少量下游产品征收。2023 年 6 月 14 日，欧洲议会通过了《欧盟电池与废电池法》，明确将针对动力电池设置产品的碳足迹准入门槛，规定只有完成产品碳足迹声明的动力电池才能进入欧盟市场。欧盟碳关税是气候变化法规首次被纳入全球贸易规则，这将在全球范围内产生一系列的连锁反应，部分国家可能效仿跟进，利用碳关税制造“绿色壁垒”，引发全球贸易格局的深刻调整，各方围绕气候问题的博弈也将进一步加剧。此外，欧盟正在光伏、5G、新能源汽车等行业酝酿出台更多的产品碳足迹法案，法国、韩国、意大利等国也对以光伏组件为代表的新能源产品提出碳足迹核算和认证要求。

另一方面，大型企业利用绿色供应链管控产品碳足迹。例如，一些传统的跨国能源公司全面加速低碳转型发展，在持续降低碳排放、拓展清洁能源增长点等方面不断发力。减排目标方面，普遍制定二氧化碳和甲烷排放总量或强度降低目标，道达尔、雷普索尔等提出 2050 年净零排放目标，壳牌、挪威国油、埃尼和雪佛龙等提出产品碳足迹降低目标。减排路径方面，欧盟能源公司除推动自身业务去碳化、电气化外，还大力发展可再生能源等；埃克森美孚等美国公司积极投资生物燃料等降低营运环节的碳排放。投资布局方面，聚焦资源、成本和市场优势，择优布局炼化产能；加大低碳业务投资，并延伸拓展至新能源开发、天然气发电、充换电基础设施、输配售电等领域；独立或合作开展绿氢，碳捕集、利用与封存（Carbon Capture，Utilization and Storage，CCUS）等技术研发，多种方式参与碳市场，提升低碳时代的核心竞争优势。又如，一些制造业企业提前布局产品碳足迹的管控体系。宝马、奔驰、大众等汽车企业要求供应商提供车架、电池等主要部件的全生命周期碳足迹；沃尔玛、乐购等零售商要求供应商提供产品的碳足迹信息；华为、中兴、比亚迪、TCL 等中国企业均已委托国际机构开展电子产品碳足迹核算。据统计，目前全球已有超过 1000 家企业引入产品碳足迹管理制度，且普遍采用国际规则和美欧的认证机构。

二、全球核电发展基本情况

（一）全球核电发展历程概述

自 20 世纪 50 年代苏联建成第一座 5 兆瓦石墨沸水堆核电厂以来，全球核能的和平利用已有 70 年左右的历史，主要经历了验证示范、高速发展、滞缓发展、曲折发展以及稳步复苏等五个阶段。

1. 验证示范阶段（20 世纪 40—60 年代）

20 世纪 40—60 年代，为满足核电技术的初步探索和验证需求，第一代核电应运而生。例如，苏联于 1954 年建成的世界上第一座 5 兆瓦实验性石墨沸水堆型核电站、英国于 1956 年建成的 45 兆瓦圆形天然铀石墨气冷堆型核电站、美国于 1957 年建成的 60 兆瓦原型压水堆核电站、法国于 1962 年建成的 60 兆瓦天然铀石墨气冷堆核电站、加拿大于 1962 年建成的 25 兆瓦天然铀重水堆型核电站等，这一阶段主要通过实验示范的形式验证了核电技术在工程实施上的可行性。20 世纪 60 年代末期，随着核电技术逐渐走向成熟，核电站逐步实现了稳定运行。与此同时，铀浓缩技术带动燃料成本快速下降，大大降低了核能发电成本。此时核电的市场竞争力日益增强，为后续核电产业的商业化推广和快速发展奠定了较好基础。

2. 高速发展阶段（20 世纪 60—80 年代）

进入 20 世纪 70 年代，发达国家进入了快速工业化阶段，能源和电力消费需求快速增长。叠加第一次石油危机爆发，全球原油价格大幅上涨，主要国家的能源供需矛盾加剧。在此背景下，美国、法国、意大利、日本、英国、德国等一些工业化水平较高但化石能源资源相对匮乏的国家，都制定了较为积极的核电发展计划，积极建设核电站。此后，印度、巴西等一些发展中国家也纷纷加入核电发展的大军，从美国、苏联、加拿大等国家学习核电技术并谋划建设核电站。

这一阶段，全球核电机组的批量建设，不但快速促进了核电的商业化、标准化发展，也大大提高了核电的技术经济性。时至今日，当时建设的一大批核电机组仍是全球在役核电的主力，其堆型涵盖了压水堆、沸水堆、重水堆等多种主流技术。截至 1974 年底，全球有 41 个国家或地区建成或正在筹建核电厂，在运机组数量达到 228 台，总装机容量接近 1.3 亿千瓦，占当时全球电力总装机容量的 8% 左右，在建核电机组 237 台，总装机容量约 2.3 亿千瓦。这一阶段，核电机组的密集建设直接推动了 1984 年、1985 年全球核电机组达到并网的高峰，每年约有 32 台核电机组实现并网，相当于大约每 11 天就有 1 座新的核电站投入运行。

3. 滞缓发展阶段（20 世纪 80 年代至 21 世纪初）

1979 年，第二次石油危机爆发，各国经济发展速度明显减缓，加上受产业结构调整等因素影响，能源和电力需求增速出现下降。此外，1979 年

3 月美国三哩岛核电事故和 1986 年 4 月苏联切尔诺贝利核电事故的发生，对全球核电发展产生了重大影响，公众接受度出现显著下降，社会上反核的声音此起彼伏，逐渐成为核电发展的重要障碍。根据国际原子能机构（International Atomic Energy Agency，IAEA）统计，1990 年至 2005 年，全球核电总装机容量的年增长率由 17% 降低至 2% 左右。

4. 曲折发展阶段（21 世纪初—2020 年）

进入 21 世纪，国际社会对气候变化问题越来越关注，核电作为清洁高效的低碳能源，其突出优势重新显现。同时，安全可靠性更高的第三代核电技术的研发取得了重大进展，核电成为可大规模替代化石燃料的少数清洁能源选择，受到世界许多国家的青睐。2001 年 5 月 17 日，时任美国总统布什颁布新的核能政策，把扩大核能作为国家能源政策的重要组成部分，并提出鼓励和促进核能发展的具体措施。日本、韩国、英国等许多国家制定或修订本国中长期能源政策，把核电作为本国重要的基础能源或电力工业的主要支柱。2000 年，在美国倡议下，国际社会组建“第四代核能系统国际论坛”（The Generation IV International Forum，GIF），旨在合作研发先进核能技术，确定了 6 种堆型作为第四代核电技术的发展方向，并提出了包括更高安全性和经济性、极少的废物产生量、防核扩散等方面的要求。2007 年后，采用第三代核电技术 EPR 的奥尔基洛托 3 号机组、弗拉芒维尔 3 号机组分别在芬兰和法国开建，中国、印度、俄罗斯以及一些新兴经济体的一批核电新项目相继开工或者获得批准，世界核电迎来了新的发展期。其中，我国在 20 世纪初经济快速发展的背景下能源需求高速增长，核电站的建设明显提速，为世界核电复苏作出了重要贡献。根据国际原子能机构统计，2001—2010 年全球开工的 63 台核电机组中，有 30 台源自中国。

然而，2011 年 3 月日本东北海域发生超强地震并引发了海啸，进而造成了福岛核电站核泄漏等严重事故，引发全球多国核电发展“急刹车”。事故发生后，全球有核国家均对运行中的核电站进行了极为严格的安全检查和监管，德国、瑞士、意大利等国甚至相继宣布放弃发展核电的计划，就连核电占比最高的法国，也宣布在未来一段时间内将降低核电发电量的占比，减少对核电发展的过度依赖，事故发生国日本则一度提出“零核电”的主张，停止所有核电厂的审批，整个核电产业进入低谷。尽管福岛核事故对全球核电发展带来了极为严重的影响，但并没能完全阻碍世界核电的发展进程，在2011年全球部分核电厂关闭的情况下，核电仍然贡献了全球13%左右的电力支撑。这一时期，全球核电在确保绝对安全的前提下呈现曲折发展、审慎推进的态势。

5. 稳步复苏阶段（2020年至今）

2020年以来，积极应对气候变化成为全球大势和国际竞争制高点，世界主要经济体积极推动绿色低碳转型，以欧盟为代表的发达经济体引领全球“碳中和”浪潮，进一步增强了核电发展的必要性。与此同时，在新冠疫情蔓延、极端天气频发、地缘政治冲突等多因素影响下，2020年下半年开始，全球能源市场剧烈震荡，特别是乌克兰危机以来，国际能源价格剧烈上涨，多国引发了严重的能源安全危机。在此背景下，国际社会重新认识到核电对于保障能源安全和促进低碳转型的双重作用，2011年日本福岛核事故后颇受冷遇的核电，又重新回到各国视野。

从主要国家和经济体看，欧洲多国宣布新建或“重启”核电，法国提出重振核电战略，英国发布《能源安全战略》提出要大规模发展核电，欧盟委员会通过法案将满足特定条件的核能和天然气归为可持续投资的“过渡”能源，为欧洲国家发展核电提供了政策支持。美、俄等国延续核电发展力度，2020年美国启动先进反应堆示范计划，并配套资金支持政策；俄罗斯将核电作为能源低碳转型的基础，计划到2045年将核能占比提高到

25%。日、韩等国也表示将加大核电支持力度或重新启动核电，日本扭转了福岛核事故后的核电保守政策，将加快重启更多闲置核反应堆、延长核准寿命并积极研发新一代核电技术；韩国总统尹锡悦改变了文在寅政府的“反核”政策主张，将核能视为保障国家能源安全的重要支撑。从国际机构和社会预期看，国际能源署分析全球核电有望翻番式增长，多次发布报告特别强调若要实现能源供应安全和净零排放的双重目标，全球核电装机容量须在 2050 年前实现翻番。2023 年 12 月，第二十八届联合国气候变化大会上，美国等 22 国发起“2050 年 3 倍核能”宣言，进一步营造核电猛烈复苏的舆论环境。

总的来看，2020 年以来国际社会再次认识到核能在兼顾低碳发展和保障能源安全中的重要作用，全球核电开启了新一轮繁荣发展期。

（二）全球核电技术演进及应用情况

在全球核电发展历程中，从技术性、安全性和经济性等角度，可以将核电技术的发展划分为四个阶段。

第一代核电站：主要覆盖时间为 20 世纪 50 年代到 60 年代。第一代核电站建于核电开发的初期，设计相对简单，发电装机容量不大，一般在 30 万千瓦以下，具有研究探索的实验原型堆性质。

第二代核电站：主要建设于 20 世纪 60 年代之后。在实验性和原型核电机组的基础上，各国陆续建成了 30 万千瓦以上的压水堆、沸水堆、重水堆等核电机组，在进一步证明核能发电技术可行性的同时，提升了核电的经济性。以美国西屋公司为代表的 Model 系列、System80 以及一大批沸水堆（BWR）均可划入第二代核电站范畴。第二代核电站是世界在运核电站的主力机组，但在三哩岛核电站、切尔诺贝利核电站、福岛核电站发生事故之后，各国对正在运行的核电站进行了不同程度的改进，在安全性和经济性等方面都有了不同程度的提高。

第三代核电站：主要建设于20世纪90年代。为消除三哩岛和切尔诺贝利核电站事故的负面影响，世界核电产业集中力量对严重事故的预防和后果缓解进行了研究和攻关，美国和欧洲的核电供应商与相关机构先后推出了“先进轻水堆用户要求文件”（Utility Requirements Document，URD）和“欧洲用户对轻水堆核电站的要求”（European Utility Requirements，EUR），进一步明确了防范与缓解严重事故、提高安全可靠性等方面的要求。国际上通常把满足这两份文件之一的核电机组称为第三代核电机组。第三代核电技术受到全球核电用户的普遍关注，已经实现商业部署的第三代核电机组包括华龙一号、国和一号、AP1000、CAP1000、EPR、VVER-1200、APR1400和ABWR等多种型号。

第四代核电站：2000年1月，美国、英国、瑞士、南非、日本、法国、加拿大、巴西、韩国和阿根廷等10个有意发展核能的国家，联合组成“第四代国际核能论坛”（GIF），并于2001年7月签署了合约，约定共同合作研究开发第四代核能利用系统（Generation Ⅳ，Gen Ⅳ）。第四代核能利用系统，通常是指具有更好的安全性、更优的经济竞争力、更少的核废物且可有效防止核扩散等特征的先进核能系统，代表了核能的发展趋势和技术前沿，目前处于研发探索和试点推广阶段。其希望实现以下四个目标，即在核燃料利用及核废料处理方面实现可持续性、能够稳定运行且具有经济竞争力、安全性和可靠性进一步提高、整个核能系统的部署必须能够防止核扩散的风险。目前，国际上正在积极研发探索的第四代核电技术主要包括气冷快堆（Gas Cooled Fast Reactor，GFR）、铅冷快堆（Lead-cooled Fast Reactor，LFR）、熔盐堆（Molten Salt Reactor，MSR）、钠冷快堆（Sodium-cooled Fast Reactor，SFR）、超临界水堆（Supercritical Water Reactor，SCWR）和超高温气冷堆（Very High-temperature Gas-cooled Reactor，VHTR）等。

总的来说，第一代核电站是原型堆，其目的在于验证核电设计技术和商业开发前景；第二代核电站为技术成熟的商业堆，目前在运的核电站绝大部分属于第二代核电站；第三代核电站为符合 URD 或 EUR 要求的核电站，其安全性和经济性均较第二代有所提高，是当前商业化发展的主要方向；第四代核电站强化了防止核扩散等方面的要求，处在原型堆技术研发阶段。目前，全球核能技术进入新一轮“百花齐放”阶段，第三代核电技术是全球主流并网的核电技术，高温气冷堆、钠冷快堆、熔盐堆等第四代核电技术正在快速演进，核能供热、海水淡化、核电制氢等核能综合利用技术也在积极研发示范过程中。

（三）全球核电产业发展现状及趋势

近年来，核电在全球能源市场的份额持续回升。根据国际原子能机构动力堆信息系统（IAEA–PRIS）统计，截至 2024 年 11 月，全球可运行核电机组 440 台，总装机容量 3.95 亿千瓦。其中，在运核电机组 415 台，装机容量 3.74 亿千瓦，分布在全球 31 个国家和地区，装机规模排名前十的国家分别为美国、法国、中国、俄罗斯、韩国、加拿大、乌克兰、日本（有 21 台机组、2063 万千瓦装机容量暂停运行）、西班牙、瑞典（见表 1–1）。2004—2023 年全球核电装机容量变化情况如图 1–3 所示。

表 1–1　全球主要国家或地区在运核电装机情况（截至 2024 年 11 月）

排名	国家或地区	装机规模（万千瓦）	反应堆数量（台）
1	美国	9695.2	94
2	法国	6137.0	56
3	中国	5415.2	56
4	俄罗斯	2680.2	36
5	韩国	2582.5	26
6	加拿大	1369.9	19
7	乌克兰	1310.7	15

续表

排名	国家或地区	装机规模（万千瓦）	反应堆数量（台）
8	日本	1104.6	12
9	西班牙	712.3	7
10	瑞典	694.4	6
11	印度	692.0	20
12	英国	588.3	9
13	阿拉伯联合酋长国	532.1	4
14	芬兰	439.4	5
15	捷克共和国	393.4	6
16	比利时	390.8	5
17	巴基斯坦	326.2	6
18	瑞士	297.3	4
19	斯洛伐克	230.8	5
20	白俄罗斯	222.0	2
21	保加利亚	200.6	2
22	匈牙利	191.6	4
23	巴西	188.4	2
24	南非	185.4	2
25	阿根廷	164.1	3
26	墨西哥	155.2	2
27	罗马尼亚	130.0	2
28	伊朗伊斯兰共和国	91.5	1
29	斯洛文尼亚	68.8	1
30	荷兰王国	48.2	1
31	亚美尼亚	41.6	1
总计		37373.5	415

注：中国台湾地区在运核电1台、装机容量93.8万千瓦，包含在总计装机容量和在运机组数量中。

数据来源：国际原子能机构动力堆信息系统

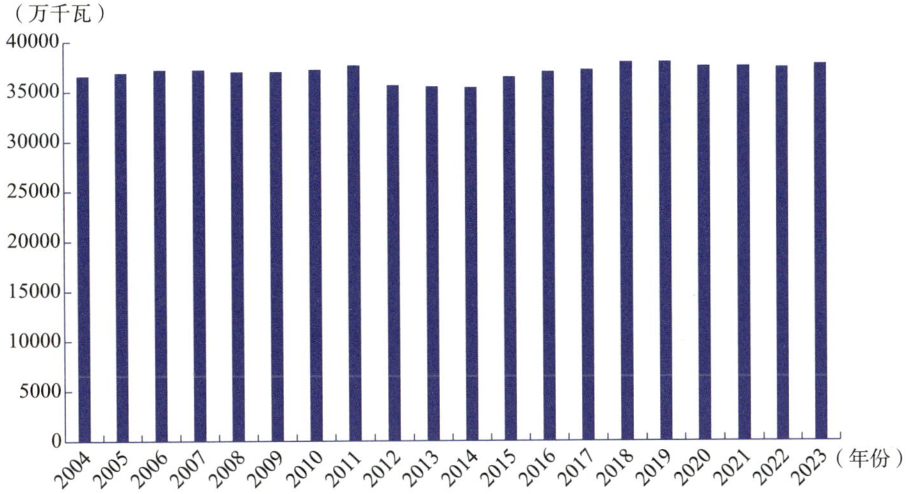

图 1–3　2004—2023 年全球核电装机容量变化情况

数据来源：国际原子能机构动力堆信息系统

从在建情况看，截至 2024 年 11 月，全球在建核电机组 63 台，分布在 15 个国家或地区，装机容量 6610 万千瓦（见表 1–2）。

表 1–2　全球主要国家或地区在建核电装机情况（截至 2024 年 11 月）

国家或地区	装机规模（万千瓦）	反应堆数量（台）
中国	3076.4	29
印度	539.8	7
土耳其	445.6	4
埃及	440.0	4
俄罗斯	385.0	4
英国	326.0	2
韩国	268.0	2
日本	265.3	2
孟加拉国	216.0	2
乌克兰	207.0	2
法国	163.0	1
巴西	134.0	1
伊朗	97.4	1

续表

国家或地区	装机规模（万千瓦）	反应堆数量（台）
斯洛伐克	44.0	1
阿根廷	2.5	1
总计	6610.0	63

数据来源：国际原子能机构动力堆信息系统

从发电量看，2023 年全球核电发电量合计约 2.55 万亿千瓦时，占全球总发电量的比重约为 10%。分国家看，各国发电量结构中，核电占比大于 10% 的有 21 个国家，大于 20% 的有 14 个国家，大于 50% 的有 2 个国家（见表 1–3）。2004—2023 年全球核电发电量变化情况如图 1–4 所示。

表 1–3　2023 年全球主要国家核电发电量情况

国家或地区	装机规模（万千瓦）	在运反应堆数量（台）	核电发电量（亿千瓦时）	发电量占比（%）
法国	6137	56	3237.73	64.8
斯洛伐克	230.8	5	170.05	61.3
匈牙利	191.6	4	150.92	48.8
芬兰	439.4	5	327.59	42.0
比利时	491.6	6	312.89	41.2
保加利亚	200.6	2	154.88	40.4
捷克	393.4	6	287.28	40.0
斯洛文尼亚	68.8	1	53.32	36.8
瑞士	297.3	4	234.04	32.4
韩国	2582.5	26	1716.40	31.5
亚美尼亚	41.6	1	25.12	31.1
白俄罗斯	222	2	109.97	28.6
瑞典	694.4	6	466.48	28.6
西班牙	712.3	7	543.71	20.3
阿拉伯联合酋长国	401.1	3	312.06	19.7
罗马尼亚	130.0	2	103.12	18.9
美国	9583.5	93	7791.86	18.6

续表

国家或地区	装机规模（万千瓦）	在运反应堆数量（台）	核电发电量（亿千瓦时）	发电量占比（%）
俄罗斯	2772.7	37	2039.57	18.4
巴基斯坦	326.2	6	223.83	17.4
加拿大	1369.9	19	834.65	13.7
英国	588.3	9	372.78	12.5
阿根廷	164.1	3	89.63	6.3
日本	1104.6	12	775.39	5.6
中国	5315.2	55	4064.84	4.9
墨西哥	155.2	2	120.44	4.9
南非	185.4	2	81.54	4.4
荷兰	48.2	1	37.71	3.4
印度	629.0	19	446.46	3.1
巴西	188.4	2	136.95	2.2
伊朗	91.5	1	60.71	1.7

数据来源：国际原子能机构动力堆信息系统

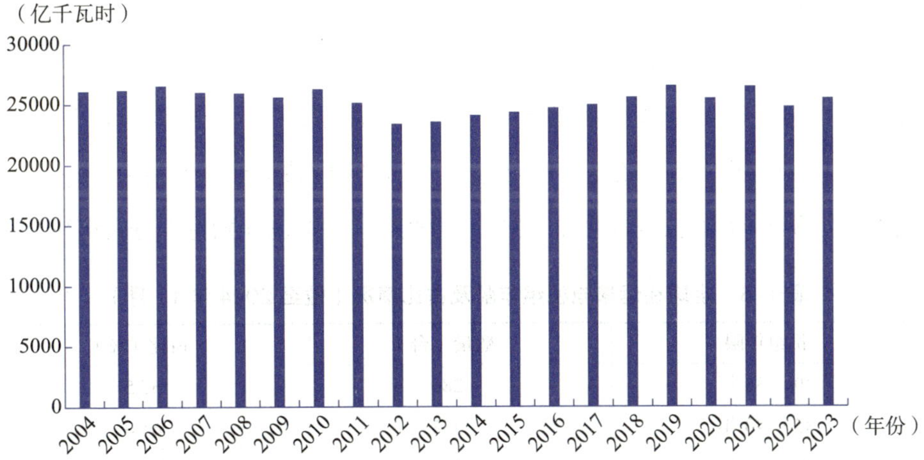

图 1-4　2004—2023 年全球核电发电量变化情况

数据来源：国际原子能机构动力堆信息系统

从核电机组技术类型看，在运核电机组主要包括压水堆、重水堆和沸水堆三种堆型，数量分别为 306 台、47 台和 41 台（见表 1–4），分别占在运反应堆总数的 73.7%、11.3% 和 9.9%。在建反应堆中压水堆的比例最高，为 84.5%。未来核电装机规模的主要增长将来自中国及其他发展中经济体。

表 1–4　全球在运核电反应堆技术类型情况（截至 2024 年 11 月）

反应堆类型	装机规模（万千瓦）	反应堆数量（台）
压水式反应堆	29314.7	306
重水式反应堆	2479.4	47
沸水式反应堆	4307.1	41
水冷石墨式反应堆	650.8	10
气冷石墨式反应堆	468.5	8
快中子式反应堆	138.0	2
高温气冷堆	15.0	1
合计	37373.5	415

数据来源：国际原子能机构动力堆信息系统

从机组运行年限看，全球在运核电机组运行年龄在 30~35 年、35~40 年、40~45 年和 45 年以上的分别为 280 台、253 台、163 台和 73 台，分别占在运机组总数的 67.5%、61.0%、39.3% 和 17.6%（见表 1–5）。很多国家在国内能源供应吃紧、能源成本持续飙升的背景下，以严格的安全审评为前提，允许延长现有核反应堆的寿命。美国考虑将部分核电站运行许可证的有效期从 60 年延长至 80 年；法国、俄罗斯、日本也计划将部分机组延寿。

表 1–5　全球在运核电机组年龄及占比情况（截至 2024 年 11 月）

机组年限	数量（台）	占比（%）
30 ~ 35 年	280	67.5
35 ~ 40 年	253	61.0
40 ~ 45 年	163	39.3
45 年以上	73	17.6

数据来源：国际原子能机构动力堆信息系统

三、2020 年以来核电成为世界能源低碳转型的重要选项

（一）能源危机使能源安全成为优先事项，核电重新获得重视

随着全球气候变暖趋势加剧，气候风险水平不断上升。为应对气候变化，保护人类生存环境，全球气候治理机制和政策不断加码。然而，世界政治格局动荡，各类“黑天鹅”事件频发，新冠疫情、极端气候、地缘冲突等突发事件为世界各国能源安全带来多重风险。

近年来能源价格大幅上涨引发新一轮能源危机。2021 年下半年，受经济复苏推动能源需求短期快速增长、极端天气严重拖累绿色能源发电、天然气供给弹性不足产出受限等因素影响，欧洲出现了天然气和电力供应短缺情况，荷兰所有权转让中心（Title Transfer Facility，TTF）天然气现货价格由 8 月的 50 欧元 / 兆瓦时（约 4.1 元 / 立方米）大幅升至 12 月的 180 欧元 / 兆瓦时（约 14.9 元 / 立方米），4 个月内上涨了 2.6 倍，国际天然气价格已经屡创新高，攀升至历史极值。2022 年初爆发俄乌冲突后，美国和欧盟对俄罗斯开启多轮制裁，涉及大量能源相关内容；同时欧盟提出与俄罗斯能源脱钩目标，大幅削减从俄罗斯进口的管道天然气，停止购买俄罗斯海运石油，造成欧盟自身能源安全稳定供应风险急剧上升，继续大幅推升欧洲气价至 227 欧元 / 兆瓦时（约 18.8 元 / 立方米），并保持数月高位波动，单月最大波幅达 130%。其间，石油、煤炭价格快速飙升并大幅震荡，能源危机也由欧盟区域扩散到全球。特别是对欧盟而言，能源稳定供应受到严重冲击，危及电力供应安全，欧洲多国被迫重启燃煤发电厂或延迟退煤时间表，煤炭消费明显反弹，改变了自 2017 年以来欧洲煤炭消费量持续下降的趋势，2021 年煤炭消费量同比增加 11.5%，至 4.4 亿吨，燃煤发电量同比增长 21.0%，推动欧洲碳市场价格触及 97 欧元 / 吨的历史新高。2020—2023 年国际天然气价格和国际原油价格如图 1–5 和图 1–6 所示。

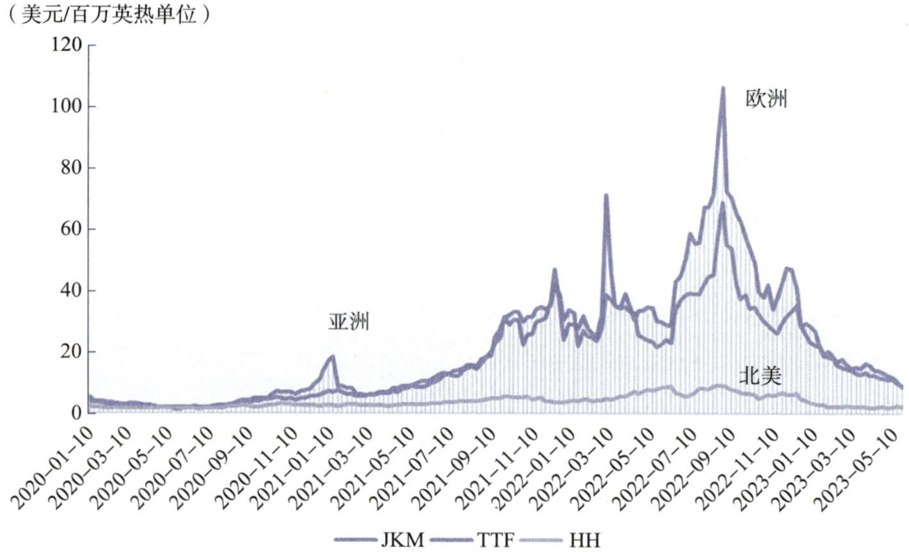

图 1-5　2020 年 1 月至 2023 年 5 月国际天然气价格大起大落

数据来源：Wind 数据库、路孚特，作者制图

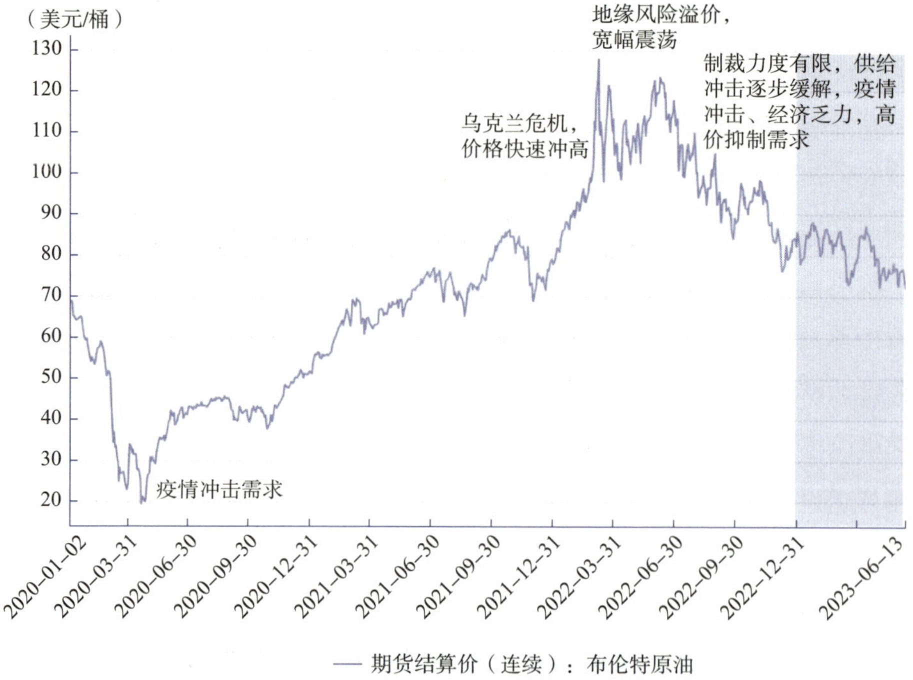

图 1-6　2020 年 1 月至 2023 年 6 月国际原油价格剧烈波动

数据来源：Wind 数据库

本轮欧洲能源危机是多因素叠加的结果，既有偶然性也有必然性。新冠疫情、经济复苏、极端天气等客观因素难以避免，较为激进的能源政策也成为诱发能源危机重要因素。一方面，欧洲激进的能源转型政策成为关注焦点。近 20 年来，欧盟多次强化能源转型目标。例如，到 2030 年，温室气体排放量从较 1990 年减少 40% 的目标上升至 60%，可再生能源消费量占比的目标从 27% 升至 45%，能源效率提升的目标从 27% 增至 32.5%。过快推进能源清洁低碳转型，加速了油气产量下滑，2021 年欧洲石油与天然气产量分别约为 1.6 亿吨和 2100 亿立方米，较 2010 年分别大幅减少了 20% 和 32%，自主供应能力显著下滑。另一方面，欧洲能源对外依赖程度高，能源安全主动权少。尽管欧洲大力推进清洁低碳转型，但化石能源仍是能源消费的主体，2021 年石油和天然气消费占比接近 60%，消费量分别达到 6.4 亿吨和 5710 亿立方米。因长期削减自身对传统能源投资导致欧洲化石能源严重依赖进口，2021 年欧洲石油和天然气净进口量高达 5.2 亿吨和 3372 亿立方米，2010—2021 年，欧洲石油和天然气对外依存度分别从 72.6% 和 50.2% 上升到 75% 和 63%。此外，欧洲对俄罗斯化石能源过度依赖、短时替代难度大。欧洲油气进口过度依赖俄罗斯，自俄罗斯进口的石油、天然气占比分别高达 27% 和 45%，特别是管道气对俄罗斯进口依存度超过管道气总量的 80%。随着俄乌冲突爆发并持续演变，以美国为首的西方国家对俄罗斯实施全方位严厉制裁，导致欧洲进口俄罗斯油气规模大幅降低，欧洲油气供需缺口骤然扩大。

欧洲能源危机使各国能源政策转向能源安全优先。本轮能源危机不但引发了全球能源市场动荡，更迫使欧盟等各国能源政策快速向能源安全聚焦，甚至在短期内气候变化目标和能源成本也部分让位于能源安全目标，对世界各国的能源战略和政策都产生了重要影响。自 2020 年全球“碳中和元年”以来，已有《联合国气候变化框架公约》88 个缔约方、92 个国家以不同方式、密集地宣布了“碳中和”目标，覆盖 78.6% 的全球温室气体排放，这被认为是继《巴黎协定》以来全球在应对气候变化方面的里程碑事件，掀起了各国加快推进能源低碳转型的浪潮。但是，2021 年出现的能源危机及 2022 年俄乌冲突引起全球能源安全风险快速上升，很快又使得各国能源发展的关注点有所转移，表现为对能源安全的重视程度急剧上升。一直以来，能源安全都是经济安全的重要组成部分，是各国经济社会发展的重要保障因素。与过去传统的以能源战略安全为核心不同，近年来各国能源安全越发表现出战略安全与运行安全并重的特点，天然气与电力、天然气与煤炭、煤炭与电力、天然气与石油等品种之间的联动性明显增强，能源系统运行安全特别是电力系统运行安全的重要性越来越突出，成为能源安全的核心内容。在疫情后各国经济复苏的进程中，能源安全特别是电力安全成为必不可少的支撑。

2020 年以来核电重新成为各国能源电力安全的重要选择。自 2011 年日本福岛核事故后，世界范围内掀起了一股反对核电发展的浪潮，并极大影响了各国的核电政策。例如，过去十多年，欧盟各国对核电发展存在重大分歧，一直难以达成一致，但在 2022 年初俄乌冲突引发能源危机加剧的背景下，欧盟多个国家搁置了退核或弃核计划，并开始重新考虑核电在能源安全中的重要地位。随后出于保障能源供应的考虑，欧洲议会最终通过了将天然气和核能列为绿色能源的法案，扩大了对核能的投资。2023 年，欧盟发布《净零工业法案》，提出到 2030 年每年至少有 40% 的清洁能源设备由本土制造，包括先进核电和小型模块化反应堆，这将带来巨额资金投入上述领域。此外，法国和英国改变了之前曾提出的减核目标，转为对新建核反应堆设计提供资助。世界主要发达经济体和新兴经济体都提出要加强对核能发展的支持，多国政府计划延长现有核电厂运行寿命，或提高核电在电力系统中的比重。国际能源署《2023 年世界能源投资》报告预计，2023 年全球核能发电投资将达到 630 亿美元，比 2022 年增加 100 亿美元，并将逐年继续增长。

（二）世界能源低碳转型的战略方向未变，核电成为低碳发展的主要手段

短期内全球碳排放量反弹未改变世界能源低碳转型的长期战略方向。自《巴黎协定》签订以来，全球应对气候变化、远期实现碳中和的共识不断加强，但同时，能源危机引起煤炭消费量增加和由此带来碳排放量反弹的现实也鲜明地摆在眼前。2022 年主要国家碳排放量不减反增，与远期的零碳排放目标明显背离。然而这种表面上的矛盾并未从根本上改变世界能源低碳转型的方向，反而使得各国更清醒地认识到能源领域脱碳的长期性、复杂性、艰巨性，对能源转型是兼顾低碳发展与能源独立双重目标的唯一选择的理解更加深入，对世界能源低碳转型的战略方向更加深信不疑。

2020 年以来各国能源转型战略政策对核电的态度由消极转向积极。近年来，受能源短缺和价格上涨之苦，以欧洲为代表的多数国家和地区被迫加快调整能源转型战略和政策。**一是**能源转型目标更严。为尽快实现能源独立、终结对俄化石能源依赖、扩大本土绿色能源产业，欧盟发布 REPowerEU 计划，在 2021 年“Fit for 55”(“减碳 55”）一揽子计划基础上，再次提高能源转型目标——将具有约束力的能效目标从 9% 提高到 13%，将 2030 年可再生能源在终端能源结构中占比从 40% 提高到 45%，将可再生能源装机容量目标提高至 12.4 亿千瓦。此外，正式通过碳边境调节机制，提前到 2032 年前取消碳市场的免费配额，将 2030 年碳市场减排目标从 61% 提高至 63%。**二是**深度脱碳范围更广。欧盟将碳边境调节机制适用行业扩展至八个，超预期纳入电力间接排放。此外，欧盟还提出 2035 年禁售燃油车目标。**三是**基础设施远近兼顾。虽然欧盟为了应对短期天然气供应紧张而规划建设了一批新的天然气基础设施项目，但是在规划时注重与气候目标保持一致，兼顾远期氢能大规模发展需要，采取材料升级、耐

氢改造等措施，做好远期向氢能过渡的准备。例如，英国 2022 年 4 月发布新的《能源安全战略》，计划加快海上风电、太阳能发电、先进核能等领域发展，改变了之前减少核电的思路。法国 2023 年 5 月通过了《加速核能发展法案》，以立法形式确立重振核电的发展思路。日本 2023 年 2 月推出《实现绿色转型（GX）的基本方针》，表明重振核电的决心并细化了相关举措。

世界能源转型过程中对核电发展的预期不断提升。世界能源低碳转型的前景更加明朗，能源安全成为能源转型的前提。核电作为稳定的非化石能源，被认为是可以兼顾能源安全与碳排放量削减双重目标的主要途径之一，因此近年来核电在能源转型中的重要作用得到重新认识和再定位。2022 年 6 月底，国际能源署发布《核能与安全能源转型》报告，指出在俄乌冲突背景下，若要实现能源供应安全和净零排放的双重目标，全球核电装机容量须在 2050 年前实现翻番，从 2022 年的 4.13 亿千瓦增至 2050 年的 8.12 亿千瓦。2023 年国际能源署在更新版的《净零排放路线图：实现 1.5℃目标的全球路径》报告中再次提高了对核电远期发展的预期，认为在净零排放情景（Net Zero Emissions，NZE）下，2050 年核电装机容量将提高到 9.16 亿千瓦，平均每年新增装机容量 2600 万千瓦，从而带来每年约 1000 亿美元投资。此外，国际能源署还强调未来核电领域将由目前的大机组集中式为主向大型化和小型化并重、集中式分布式并举的方向发展，核能利用也将由单一化发电向核电制氢、核能供热等多元化利用方向拓展。2023 年第二十八届联合国气候变化大会（COP28）上，美国、法国、英国、日本、韩国等 22 个国家联合发布《三倍核能宣言》(Declaration to Triple Nuclear Energy)，认为核能在实现碳中和及 1.5℃目标过程中具有关键作用，要共同努力推进 2050 年全球核电装机容量增至 2020 年的 3 倍，并邀请国际金融机构鼓励核能进入能源贷款政策的范围内。2024 年 3 月，国际原子能机构与比利时政府联合举办首届核能峰会，成为迄今为止专门讨论核能主题的最高级别会议，30 多个国家通过了《核能宣言》，强调“核能是一种可靠和可调度的零排放发电来源，也是清洁能源系统保持其韧性和可持续性的坚定支柱”，承诺把核能作为全球战略的一个关键组成部分，以减少电力和工业部门的温室气体排放、确保能源安全、增强能源韧性，同时促进长期可持续发展和清洁能源转型。2024 年 11 月，在阿塞拜疆巴库举行的第二十九届联合国气候变化大会（COP29）上，萨尔瓦多、哈萨克斯坦、肯尼亚、科索沃地区、尼日利亚和土耳其等正式签署《三倍核能宣言》，使该宣言签署国家和地区总数升至 31 个。多个新兴经济体首次加入核能发展阵营，展现了发展中国家对清洁能源转型的积极态度。

先进核能技术和核能多元化技术应用前景广阔。第四代先进核能系统、小型模块化反应堆（Small Modular Reactors，SMR）、核能制氢等前沿技术正加快研究示范。除发电外，核能还可以在制热制冷、制氢、工业蒸汽、海水淡化、核动力民用船舶、同位素生产等领域发挥更大的作用。小型模块化反应堆由于布置灵活，较容易实现综合应用，将是核能未来多用途应用的主要承担者。从商业模式来看，“核能 +”等智慧核能综合利用项目，可将核能供热、海水淡化、核风光储综合智慧能源系统整合为一体。尽管核能技术的多元化应用仍然面临安全运行、核废物管理和处置、公众接受度以及经济性等多重挑战，但作为一种低碳能源，核能技术凭借在多个领域的碳减排潜力、改进大气环境质量和提高国家能源安全等方面的优势，未来具有广阔的应用前景。

（三）全球低碳能源制造业竞争加剧，核电产业得到政策支持

低碳能源产业迎来新一轮发展契机，市场规模迅速扩大。近年来全球碳中和浪潮大大增强了世界各国低碳发展共识，为清洁能源产业增长带来

了新一轮历史契机。包括核能在内的低碳能源快速增长，特别是新能源汽车、太阳能光伏发电、风电等主要领域爆发式发展，全球资本争相进入，产能迅速扩张，能源替代进程明显加快。2022 年，全球新能源汽车销量超过 1000 万辆，与 2021 年的 660 万辆相比增长了约 50%，与 2012 年的全球新能源汽车销量仅 12 万辆相比增长了数十倍。作为新能源汽车的关键部件，动力电池产业同样呈高速发展态势。2022 年，全球动力电池装车量为 5.18 亿千瓦时，比 2020 年增长 253%。此外，太阳能、风电等新能源发电装机规模不断扩大，未来市场空间广阔。根据国际可再生能源署统计，2022 年全球新增可再生能源发电装机容量为 2.95 亿千瓦，累计装机容量达到 33.72 亿千瓦。其中，太阳能光伏和风电分别新增 1.92 亿千瓦和 0.75 亿千瓦，累计装机容量分别达到 10.47 亿千瓦和 8.99 亿千瓦。

近期美欧密集出台法案支持本土制造业，核电产业受益。近年来，世界主要经济体竞相争夺低碳能源产业，以实现重振实体经济、引导制造业回归本土、防范产业链供应链安全风险、为碳中和提供基础保障、积极应对地缘政治格局重塑等多重目标。美国密集出台多项重要法案，对本土低碳能源产业给予极大支持，设置较高本土化“门槛”，表现出明显的排他性。美国拜登政府发布了扶持本国低碳能源产业的重要政策，分别是 2021 年 11 月的《两党基础设施法案》(*Bipartisan Infrastructure Law*，简称 BIL 法案）和 2022 年 8 月的《通胀削减法案》(*Inflation Reduction Act*，简称 IRA 法案)，总投资规模分别为 1.2 万亿美元和 7370 亿美元。其中，对未来 10 年核电生产给予最低保护价补贴；为面临关闭和被气电等取代风险的核电机组提供 60 亿美元的财政支持；计划投入 215 亿美元开展先进核电设施、绿氢、储能及碳捕捉等低碳能源示范项目。欧盟为应对美国 IRA 法案、防止欧盟本土新能源企业外迁以保持先进制造业竞争力，随后出台了《绿色协议产业计划》及其配套政策《净零工业法案》和《关键原材料法案》，新一版电池法案《欧盟电池与废电池法》也于 2023 年 8 月生效。

（四）全球能源地缘政治版图加快重塑，核电国际合作潜在风险上升

俄乌冲突使美欧“抱团”、俄罗斯“向东看”，能源地缘政治版图重塑。俄乌冲突爆发前，俄欧互为彼此最大的能源贸易合作伙伴，欧盟煤炭、原油、成品油、管道天然气、液化天然气（Liquefied Natural Gas，LNG）进口量中俄罗斯来源占比分别达到约48%、29%、39%、45%和16%（见图1–7）。俄乌冲突爆发后，美欧联手对俄罗斯实施多轮制裁，其中涉及煤炭、石油、天然气等多项能源相关内容。美国和俄罗斯作为全球第一大和第二大石油天然气生产国，在全球能源市场中的地位此消彼长。一方面，欧盟决心与俄罗斯能源脱钩，转向深化与美国的能源合作，并以天然气贸易为纽带建立起较强的能源依赖关系，美欧形成“抱团之势”。2021年俄罗斯煤炭占欧盟煤炭进口金额比重约为45%，随着对俄煤炭进口禁令的实施，2022年第四季度欧盟自俄煤炭进口量已降为零，而自哥伦比亚和南非国家的煤炭进口比重明显上升。另一方面，俄罗斯对欧能源贸易严重受挫，不得不转向东亚地区市场，与印度、日本、中国等能源进口大

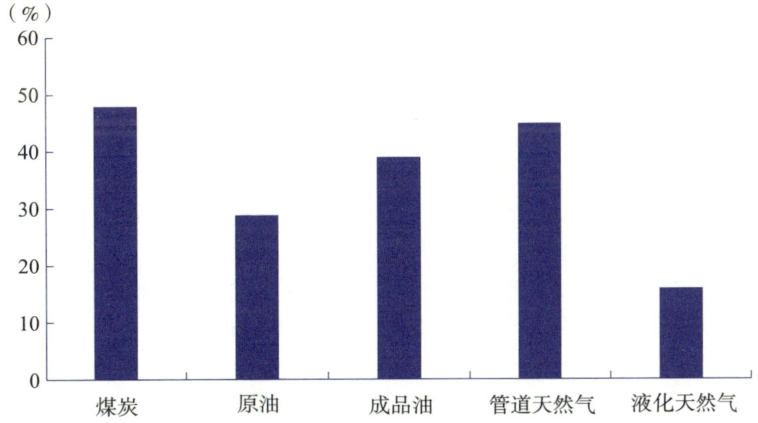

图1–7　欧盟能源进口量中的俄罗斯来源占比（2021年）

数据来源：国际能源署

国加强合作。2022 年中俄签署第二份天然气供应合同——“远东天然气购销协议”，协议约定，俄每年输往中国的管道天然气供应量将增加 100 亿立方米，同时积极推进中俄天然气管道过境蒙古铺设项目。

俄乌冲突以来欧盟对俄罗斯发起的能源制裁情况如表 1–6 所示。

表 1–6　俄乌冲突以来欧盟对俄罗斯发起的能源制裁情况

次数	时间	主要措施
第 1 轮	2022 年 2 月 23 日	限制俄罗斯进入欧盟资本、金融及服务市场，制裁名单包括 555 名个人和 52 个实体
第 2 轮	2022 年 2 月 25 日	禁止向俄罗斯销售、供应、转让或出口炼油中的特定商品和技术，并对提供相关服务施加限制。个人制裁、金融制裁、运输制裁、技术制裁（军民两用产品）、签证制裁等
第 3 轮	2022 年 2 月 28 日	禁止与俄罗斯中央银行进行交易，航空禁飞，俄罗斯主要银行排除在 SWIFT 系统之外，禁投由俄罗斯直接投资基金出资的项目，禁止向俄罗斯提供以欧元计价的证券，禁止俄罗斯国有媒体在欧盟运营，等等
第 4 轮	2022 年 3 月 15 日	禁止与俄罗斯国有企业交易，禁止向俄罗斯企业提供金融信用评级服务，禁止进口俄罗斯钢铁产品，禁止向俄罗斯出口奢侈品，扩大制裁名单（877 名个人和 62 个实体），禁止对俄罗斯能源部门的新投资
第 5 轮	2022 年 4 月 8 日	禁止进口所有形式的煤炭和其他固体化石燃料，扩大金融制裁，禁止公路货运运营商在欧盟境内经营，等等
第 6 轮	2022 年 5 月 31 日	禁止从俄罗斯购买、进口或转让原油及石油产品（特别依赖俄罗斯供应并且没有可行的替代选择的欧盟成员国，可通过管道进口俄罗斯原油；保加利亚和克罗地亚可继续进口俄罗斯海运原油和真空汽油），更多俄罗斯银行被剔除 SWIFT 系统，暂停 3 家俄罗斯国有广播电台，等等
第 7 轮	2022 年 7 月 21 日	黄金珠宝进口禁令，扩大出口管制，港口准入禁令，金融制裁，食品和能源安全豁免，医疗和药品豁免
第 8 轮	2022 年 10 月 5 日	扩大制裁名单，出口管制，进口限制（钢铁、机械和电器、塑料、车辆、纺织品、鞋类、皮革、陶瓷、某些化学产品），落实七国集团对俄罗斯石油的价格上限（60 美元 / 桶），对国有企业的限制
第 9 轮	2022 年 12 月 16 日	禁止无人机发动机出口等。为源自俄罗斯或从俄罗斯出口的属于 CN 代码 2710 的石油产品设定两个价格上限
第 10 轮	2023 年 2 月 25 日	禁止关键技术和工业品的出口，禁止沥青和合成橡胶的进口，禁止为俄罗斯人提供天然气储存能力，禁止欧盟通过俄罗斯过境出口两用货物和技术，等等

资料来源：作者根据公开资料整理

俄罗斯核电国际合作受影响较小，但美欧审慎制定切断与俄罗斯核燃料供应的方案。俄罗斯是世界核电大国，在核电项目设计、建造、铀燃料及相关技术服务供应方面扮演着不可或缺的角色。俄乌冲突爆发后，俄罗斯在国际政治中受到孤立和制裁，其核电产业合作不可避免地也受到了一定影响，但总体看，美欧对俄罗斯核电领域的制裁态度非常谨慎，仅有部分国家出于防风险和长期安全的考虑而主动暂停与俄罗斯的核电合作，如芬兰停止了与俄罗斯国家原子能公司在新建核电站项目上的合作。俄乌冲突久拖不决的可能性不断上升，对俄罗斯的制裁措施是否会继续加码，是否会将核电纳入制裁范围，存在一定的不确定性。美欧对在核电领域与俄罗斯合作产生了越来越多的顾虑和犹豫，甚至开始谋求与俄罗斯核电脱钩，但难度较大。一方面，各国开始追求核燃料供应链的去俄罗斯化。俄罗斯在世界核燃料供应中扮演着重要角色，其天然铀供应量约占全球需求量的22%，铀转化产能、铀浓缩产能、组件加工产能占全球的市场份额分别为27%、35%和17%。俄罗斯在欧美核燃料市场中占较高比重。美国铀产品的20%来自俄罗斯，先进反应堆研发和建设所需的浓缩铀仅靠俄罗斯提供，若完全切断俄罗斯供应，以西方两大浓缩商现有供应能力无法确保安全供应，因此美国国会参、众两院议员先后发起的禁止俄铀产品进口的立法草案长期陷入搁置。经过讨论抉择后，2024年5月13日，美国总统拜登终于签署《禁止进口俄罗斯铀法案》，提出美国将禁止进口在俄罗斯生产或由俄罗斯企业生产的低浓缩铀，但若美暂时无法找到合适且可靠的替代来源，2028年1月前进口俄铀可获临时豁免。欧盟多国部分核电站采用俄罗斯核电技术，依赖于从俄罗斯购买铀燃料，如保加利亚、斯洛伐克、匈牙利、捷克等东欧和北欧国家，且部分国家核电占比较高，对电力安全供应具有较大影响，欧盟部分国家短期内无法摆脱俄罗斯核燃料供应。另一方面，俄罗斯核电产业“走出去”的宏观环境已经发生微妙变化。尽管俄罗斯在非洲、东南亚等国家的核电项目合作暂时未受到明显不利影响，但由于核电项目投资规模较大，需要金融支持，俄罗斯核电对外合作项目中的融资风险将有所上升。全球已查明铀资源量位居全球前十的国家和2022年全球主要天然铀生产商的产量如表1–7和表1–8所示。

表1–7　全球已查明铀资源量位居全球前十的国家　　单位：万吨

国家	开采成本			
	低于40美元/kgU	低于80美元/kgU	低于130美元/kgU	低于260美元/kgU
澳大利亚	—	—	168.41	195.98
哈萨克斯坦	50.2	73.21	81.52	87.47
加拿大	0	29.24	58.85	86.54
俄罗斯	0	3.5	48.09	65.69
纳米比亚	0	1.97	47.01	50.95
尼日尔	0	1.46	31.11	46.8
南非	0	22.8	32.09	44.47
巴西	13.81	22.94	27.68	27.68
中国	7.32	13.25	22.39	24.47
印度	—	—	—	22.09
全球总计	77.59	199.08	607.85	791.75

资料来源：OECD/NEA、IAEA，《2022年铀：资源、生产和需求》

表1–8　2022年全球主要天然铀生产商的产量

公司	产量（吨）	占全球份额（%）
哈萨克斯坦国家原子能集团公司	11373	23
加拿大矿业能源公司	5675	12
欧安诺公司	5519	11
中国广核集团公司	4627	9
一号铀业公司	4454	9
纳沃伊矿业公司	3300	7

续表

公司	产量（吨）	占全球份额（%）
中国核工业集团公司	3247	7
必和必拓集团	2813	6
俄罗斯国有铀资源公司	2508	5
通用原子能公司 / 桂星公司	1274	3
其他	4098	8
总计	48888	100

资料来源：伍浩松，《2022 年世界天然铀生产概况》

（五）核电安全运行存在风险，国际社会全力保障核设施安全

俄乌冲突中部分核电站受到炮击并引发安全担忧。2022 年 2 月爆发俄乌冲突以来，武装冲突不断，乌克兰境内的数座核电站以及其他附属设施遭到了军方的直接炮击。国际原子能机构认为，这是世界历史上首次在大型核电项目设施周边区域进行的军事行动。如乌克兰境内的切尔诺贝利核电站受到重型军用车辆搅动的影响，辐射测量值有所增高，但国际原子能机构评估后认为不存在风险。特别是 2022 年 9 月，乌克兰南部的扎波罗热核电站多次遭到炮击，其中一些爆炸发生在反应堆附近，尽管核心设备没有受到影响，没有发生任何的核泄漏，但仍引发全世界对发生严重核事故的担忧，核安全问题再次成为公众关注的焦点。

国际社会全力保障核电站安全并明确划清底线。联合国针对乌克兰相关核电站内部及周边不断演变的局势，呼吁要保持理智，不要采取任何行动，危及这座欧洲最大核电站的实体完整、安全性与受保护状况，呼吁立即停止所有在该核电站周边展开的军事行动，不要把核电站设施或周围环境作为打击目标，强调需要在技术层面达成紧急协议，为保障该区域的安

全设立非军事化的安全边界。国际原子能机构向扎波罗热核电站派驻观察团，对核设施的物理完整性进行全面客观地评估，对核设施运行和受损情况进行监测，提供有针对性的技术支持，确定了七个关键支柱以确保武装冲突中的核安全和核安保，并及时向公众发布了信息。在俄乌冲突中，以扎波罗热核电站为代表的大型核设施运行安全得到了基本保障，并为日后军事冲突中的“核电站豁免”共识奠定了基础。

第二章　欧盟及其主要国家能源转型及核电发展政策演变

一、欧盟能源及核电发展政策动态

（一）欧盟能源转型历程和发展现状

欧盟是全球第三大经济体，也是第三大能源消费地，其能源发展对全球能源格局产生重要影响。长期以来，欧盟不断根据其内部经济、地缘政治、能源安全的形势变化调整能源发展策略，推进绿色低碳化和去化石能源化的能源转型。自 20 世纪 70 年代以来，欧洲国家在能源安全和气候政治的双轮驱动下，不断推进能源转型进程，总体呈现能源消费结构持续转变、清洁能源较快发展、核能发展“左右摇摆”等特点。

1. 能源消费结构持续转变

欧洲的工业文明主要建立在煤炭、石油消费基础上，二战后重建以及工业结构现代化转型不断推动石油在能源消费中的比重。英国石油（British Petroleum，BP）公司数据统计，1965 年煤炭和石油分别占欧盟成员国初级能源消费总量的 51% 和 40%，这两种化石能源基本占据了欧盟能源消费的绝大多数。1973 年石油危机爆发时，欧盟成员国的石油消费占比达到历史顶峰，煤炭和石油分别占能源消费总量的 31% 和 53%，欧洲工业的主导驱动力量已经从煤炭转向石油。此后，环境和气候议程影响力不断上升，加之经历石油危机后的欧洲国家开始寻找石油替代品，荷兰、英国、挪威等国的天然气资源逐步被开发，天然气在欧洲能源结构中占比逐渐提高。1997 年，欧盟石油、天然气、煤炭消费占比分别为 40%、21% 和 20%，石油虽然仍是占比最大的能源，但其主导地位显著下降，天然气取代煤炭成为消费占比第二大的能源。进入 21 世纪，欧盟化石能源消费结构延续这一趋势，2021 年石油、天然气、煤炭消费占比分别为 35.5%、23.8% 和 11.2%。

在能源转型和节能减排的共同作用下，欧盟化石能源占比和消费总量持续降低。1965 年、1973 年、1997 年和 2021 年欧盟成员国的石油、煤炭、天然气三种化石能源的合计消费占比分别为 94%、88%、81% 和 70.4%。近年来，欧盟将天然气视为电力、热力等领域替代煤炭的过渡和桥梁能源，天然气及天然气发电产业得到较高重视。2011—2021 年，欧盟天然气消费量年均增长率为 0.2%。化石能源虽然仍占据主导地位，但其他低碳能源从几乎忽略不计逐渐发展为能源结构中的重要组成部分。

2. 清洁能源较快发展

受能源安全和政治环境的双重驱动，欧盟风能、太阳能等清洁能源得以快速发展。20 世纪六七十年代起，光伏发电和风电技术水平逐步上升，欧洲一些国家内部政治力量极大支持了清洁能源产业的发展。例如，德国对于核电安全性的担忧推动其光伏产业发展；丹麦经历石油危机后决心发展风能以降低对化石能源的进口依赖，不仅风电在发电总量中的比重大幅增加，而且培育出维斯塔斯等世界级的风电企业。

欧盟依托领先国家的产业基础和政治意愿，不断塑造和强化可再生能源的政策支持力度，推动欧盟成为全球可再生能源发展的先锋。从消费结构看，1965 年欧盟风能和太阳能在能源消费总量中的占比几乎可以忽略不计。在政策支持、产业发展和技术创新的驱动下，2011—2021 年欧盟风能和太阳能的消费量年均增长率达 6.9%。根据 BP 统计，2021 年，欧盟的风能和太阳能已经占到一次能源消费的 13.2%，风电和光伏发电量达到 2011 年的 1.95 倍、2001 年的 10.85 倍。目前，欧盟是仅次于中国的全球可再生能源消费第二大经济体。

3. 核能发展“左右摇摆”

欧盟很早就开展通过核能降低石油依赖的探索。1957 年，欧洲共同体创始六国签署了《罗马条约》，提出并于 1958 年成立欧洲原子能共同体。此后一段时期，欧洲原子能共同体积极鼓舞相关国家，大力推进核能发展，以缓解因煤炭枯竭和石油依赖程度上升而带来的能源安全风险。在此背景下，欧洲各国特别是法国大力开发核能，欧盟成员国的核能发电量从 1965 年的 45 亿千瓦时增加至 1973 年的 401 亿千瓦时，增长近 9 倍。石油危机发生后，法国日益重视核能发展对于保障能源安全的重要作用。1974 年，时任法国总理的皮埃尔・梅斯梅尔制订了以其姓氏命名的核能发展计划——“梅斯梅尔计划”，计划到 1985 年建造 80 座核电站，到 2000 年达到 170 座，以实现法国电力全部由核电提供的目标。在该计划带动下，法国核电快速发展，在 20 世纪 80 年代建成 40 座核反应堆，推动 80 年代核电在法国总发电量中的占比迅速提升至 70% 以上。此外，受美国三哩岛和苏联切尔诺贝利核事故影响，德国的民间反核运动在 20 世纪七八十年代兴起，甚至逐渐发展壮大为德国秉持环保主义的绿党，影响波及整个欧洲，20 世纪 80 年代起瑞典等国相继开始制订退出核电的计划。

从欧盟整体看，核电不断发展并逐步成为欧盟能源供应的重要组成部分。核能占欧盟成员国一次能源消费的比重在 1973 年仅为 0.8%，1986 年已经达到 10.2%，2000 年进一步提高至 13% 左右的较高水平。进入 21 世纪以来，特别是 2011 年福岛核电站事故后，以德国为代表的保守国家甚至反核国家，在政策层面上的弃核动力不断增大，核能从绝对量到相对量都持续出现削减趋势。2021 年，核能占欧盟一次能源消费的比重为 11%，核能发电量为 7320 亿千瓦时，为 2004 年发电量峰值的 78.8%。然而，新一轮欧洲能源危机以及俄乌冲突爆发，使得多数国家又一次重新审视核能对于保障能源安全的重要作用，欧洲核能发展再一次站在了十字路口上。

（二）欧盟绿色低碳转型积极推进但能源安全问题日益凸显

欧盟是全球应对气候变化、减少温室气体排放的有力倡导者和积极践行者，多年来坚定履行《巴黎协定》承诺，引领经济绿色低碳发展。

为应对气候变化、推动能源转型，欧盟致力于建立稳定可靠的能源政策框架，设定具有法律约束力的气候和能源发展目标。近年来，欧盟相继出台 2020 年气候和能源一揽子计划、2050 年能源路线图、2050 年迈向具有竞争力的低碳经济路线图、2030 年气候与能源政策框架、《欧洲绿色协议》、《欧洲气候法》、“Fit for 55”（“减碳 55”）一揽子计划、REPowerEU 计划、绿色协议产业计划等一系列政策文件，旨在阐明欧洲迈向气候中性循环经济体的行动路线。根据确立的能源转型目标和政策方向，欧盟计划到 2030 年温室气体排放量相比 1990 年至少降低 55%，2040 年欧盟温室气体排放需要在 1990 年的基础上减排 90%，2050 年实现碳中和。但在这些既定目标中，并未提及或充分考虑核能发展。

特别是 2019 年以来，欧盟绿色低碳转型进一步加快，能源转型政策更为激进。比如，新一届欧盟执行主席冯德莱恩上任伊始便发布了《欧洲绿色协议》，将绿色转型作为推动经济复苏、提升经济增长韧性和可持续发展的引擎，并特别强调了能源绿色转型的关键作用。又如，欧盟陆续发布“Fit for 55”一揽子提案等多个文件，加快修订《可再生能源指令》，将 2030 年可再生能源消费占比的目标由 32% 提升至 40%；将 2030 年温室气体减排 55%、2050 年实现净零排放的气候能源目标写入《欧洲气候法》等。上述措施为气候能源目标赋予了强制约束力，为加快能源绿色转型奠定了法律基础。此外，欧洲各国曾在能源低碳转型背景下提出了比较激进的退煤计划。以德国为例，2019 年德国设计了退煤路线图，计划到 2022 年关闭 1/4 的煤电厂，到 2038 年全面退出煤电；2020 年德国通过《退煤法案》，煤电退出时间进一步提前至 2035 年；2021 年，德国可再生能源发电量占比约 40.9%，由于可再生能源不确定性和波动性较强，又大幅推高了电力系统运行风险与用能成本。在激进的退煤计划下，欧洲大量煤电机组提前退役，灵活调节资源能力明显下降，对电力系统的可靠容量供应造成较大影响。

然而，俄乌冲突导致欧洲多国能源市场剧烈震荡，油气等能源价格一路飙升，严重的能源危机使得欧盟不得不正视其能源安全问题。2022 年 2 月俄乌冲突爆发后，美欧等西方国家对俄罗斯实施多轮能源制裁，欧盟能源供给严重短缺、价格持续高涨，在绿色转型政策取向更趋积极的背景下，欧盟陷入新一轮能源危机。2022 年 3 月，欧盟委员会快速草拟了 REPowerEU 计划，并于 2022 年 5 月正式通过。该计划建立在“Fit for 55”的基础上，旨在进一步统筹低碳转型和能源安全，加速摆脱对俄罗斯化石能源依赖。事实上，早在 2021 年底，欧盟就受疫情后经济复苏及严寒天气等因素影响，面临不断增长的能源需求压力。俄乌冲突又进一步加剧了俄欧能源博弈，短期的能源供需失衡可能演变为系统性的能源危机。欧盟的能源系统较为脆弱，化石能源匮乏，对外依赖度尤其是对俄罗斯的依赖度较高，每当遭遇地缘局势动荡、极端天气等情况就容易触发能源危机。尽管能源危机的导火索大多为外部因素，但俄乌冲突为欧盟能源低碳转型敲响了警钟，进一步推动能源政策向绿色发展和能源安全多元统筹方向发展。

（三）欧盟核电发展由“进退两难”向“进多退少”转变

欧盟是核电发展较好地区，27个欧盟成员国中有12个国家拥有核电反应堆，发电量约占整个欧盟发电量的1/4，明显高于全球10%左右的平均水平。2011年福岛核事故后，关于“弃核还是亲核”，欧盟各国存在明显分歧。2019年欧盟提出碳中和目标以来，各成员国对退煤议题已经基本达成一致，但对于核电发展仍然争议较大。

欧盟核电发展存在明显的分歧，福岛核事故后至俄乌冲突之前，欧盟对核电发展的态度总体上由积极向保守转变。欧盟核电发展一直处于世界领先地位，从规模上看，全球目前在运的核反应堆共计436座，欧盟约占1/4。从技术水平看，以法国为代表的欧洲核电技术运行效率好、安全系数高，法国电力公司的核电技术长期处于世界核电行业标杆地位。但在美国、苏联、日本先后出现核泄漏事故后，欧洲对核电的态度逐渐转向保守，新建核电项目基本停滞。特别是日本福岛核事故发生时，恰逢20世纪六七十年代大规模建成投运的核电站即将退役或延寿的时间节点，大众对核电的安全忧虑成为决定欧洲核电未来发展的决定性因素。在此背景下，考虑到能源资源禀赋、经济发展情况、核能产业优势等因素，欧洲核电发展“一边弃核、一边拥核”，可谓“冰火两重天”。一方面是以法国和部分东欧国家为代表的核电支持国，不仅对老化核电机组进行延寿处理，而且积极谋划建设新的核电站。另一方面是以德国和部分西北欧国家为代表的坚定“弃核派”，不仅反对进一步发展核电，而且有意陆续关停在运核电机组。

近年来欧盟核电发展“进多退少”，有望迎来新一轮发展期。从“进”的方面看，2022年2月，在法国与东欧国家的推动下，欧盟委员会提案将核电纳入可持续投资的“过渡”能源，为欧盟范围内核电建设融资扫清了障碍，从法律层面终结了欧洲核电发展的争议。尽管德国、奥地利和卢森堡等国家对为核电贴上“绿色标签”表示反对，但最终未能在2022年7月举行的欧洲议会投票中阻止上述提案的通过。由此，2011年日本福岛核事故后颇受冷遇的核电，又重新回到欧洲多国政府的视野，成为其安全降碳的现实选择。比如，核电大国法国提出重振核电战略来确保其电力安全自主可控；荷兰重新将核电提上政治议程，计划新建2座核电站；比利时宣布将2025年废除核能的计划延后十年；瑞士宣布允许现有核电机组“在安全的情况下”延寿运行；煤电占比接近85%的煤炭大国波兰，拟通过发展核电满足本国能源电力需求以及应对气候变化的多重需要。与之相对应，从“退”的方面看，德国已于2023年4月正式停止运行最后3座核电站，宣告该国长达60多年的“核时代”结束；西班牙政府也于2024年初批准了《放射性废物第七个总体计划》，正式确定将于2035年关闭国内剩余的5座核电站，将成为欧盟国家中继德国之后第二个实现弃核的国家。但需要说明的是，这些国家决定减核、弃核并非因为其他能源资源富足、不必依赖核电，也不是基于电力需求饱和、供电压力较小的背景，更多的是政治选择和社会舆论等多重压力综合作用的结果。综合判断，在保障能源安全面临挑战的情况下，欧盟多国对核电发展正逐渐形成共识并将其作为推动安全降碳的重要抓手。

二、法国能源及核电发展政策动态

（一）法国能源转型历程

法国化石能源相对匮乏，本土石油和天然气资源较少，国内煤炭资源基本枯竭，20世纪70年代中东石油危机后，法国日渐重视能源自主性和安全性，积极酝酿核电及可再生能源发展。法国是全球早期能源转型的思想领导者，是世界上最早提出可持续发展和绿色经济理念的国家之一，也是全球气候公约《巴黎协定》的缔约主办方和主要推动者之一。虽然能源政策规划调整不断，但整体方针变化不大，即以核电发展为主，同时积极发展可再生能源。

1974 年，时任法国总理梅斯梅尔宣布了一项宏伟的核电发展计划，该计划规划到 1985 年建造 80 座核电站，到 2000 年进一步增长到 170 座核电站，旨在实现法国电力全部由核电满足。这一计划拉开了法国核电快速发展的大幕且效果显著，20 世纪 80 年代 40 座核反应堆建成后，法国核电发电量占总发电量的比重达到 70% 以上。这不仅彻底改变了法国的电力行业，也使法国成为核电和相关技术的重要力量。2005 年，法国颁布首个《国家能源法》，确定了能源行业发展方针和路线，即在保证核电主力军地位的同时鼓励电力低碳化多元化发展。2006 年，核电在法国发电总量中占比已达 78.4%。

2012 年，时任法国总统奥朗德启动“能源转型全国大讨论”，产业、工会、民众、政治团体和专家等所有重要利益相关者开展了面向低碳经济的法国能源模式的讨论，重点聚焦三个关键问题：发展利用可再生能源、建筑领域能源效率以及核能。最终，此次讨论的核心结果转化为 2014 年 10 月由国民议会通过、2015 年 8 月由参议院通过的《能源转型绿色发展法案》（*Energy Transition for Green Growth Act*，ETGGA），明确提出建立核电与可再生能源并重的电力系统发展目标。该法案作为给当年在巴黎召开的气候变化大会的献礼，揭开了包括能源供给革命在内的法国当代能源革命的序幕。

2017 年，为落实《巴黎协定》中到 2050 年实现碳中和的目标要求，法国政府正式提出气候计划，启动了“国家低碳战略”和“能源计划”等修订工作，并制定了法国政府未来 15 年内实现能源结构多样化和温室气体减排目标的行动蓝图。为保障计划的顺利实施，时任法国国务部长兼生态转型与团结部长弗朗索瓦·德·鲁吉于 2019 年 4 月 30 日在部长会议上提出了《能源与气候法》草案。草案设立了四项主要目标：第一，将能源政策和气候目标结合起来；第二，加强气候政策治理，赋予气候高级委员会（由科学家和专家独立组成，直接隶属于总理领导）对气候政策治理的贯彻落实享有法定监督权；第三，确保在 2022 年 1 月 1 日前通过价格调整驱动，实现停止燃煤发电；第四，采取多种措施支持能源结构实现加速转型。

经过法国两院对法案草案审议修正、宪法委员会审查后，法国《能源与气候法》于 2019 年 11 月 8 日正式颁布实行。该法确定了国家气候政策的宗旨、框架和举措，以立法的形式正式明确 2050 年实现碳中和的目标。该法共 8 章 69 条内容，主要包括以下四个部分：逐步淘汰化石燃料，大力发展可再生能源；通过规范引导，对高能耗住房建筑进行渐进式强制性的温室气体减排改造；通过引入国家低碳战略和“绿色预算”制度，监督和评估气候政策的具体落实；降低天然气的销售关税，减少对核电的依赖，到 2035 年将核电占比降至 50%，实现电力结构多元化。

2024 年 1 月，在经历了欧洲能源危机、俄乌冲突影响后，法国公布了一项旨在定义法国气候行动目标和优先事项的《能源主权法案》草案，这项法案删除了太阳能、风能等可再生能源承诺和发展目标，将核能认定为法国“能源独立”主力能源，更新法国电力公司（EDF）拥有的 53 座现有核反应堆等内容，并重新计划将于 2024 年底在弗拉芒维尔投运的新反应堆建设目标；将核能制氢纳入“低碳氢气”范畴，并加速相关示范项目落地。这项法案的出台被认为是法国坚决“以核为贵”实现能源转型的明确信号。

（二）法国能源转型现状

作为世界上最早投入核能研发并实现商业化运营的国家之一，法国拥有先进的核能技术和完善的核能基础设施。几十年来，法国一直依赖核能并将其作为助力电源，因此核能在法国电力供应中的占比长期保持较高水平。

从消费侧看，受工业化进程和产业结构变化等因素影响，法国一次能源消费在21世纪初已达峰。根据BP公司统计，2004年法国一次能源消费约为11.4艾焦，随后便开始稳步下降。2021年，法国一次能源消费降至9.4艾焦左右（见图2–1）。终端消费结构中，石油产品消费占比41.9%、终端电气化占比约24.7%、天然气消费占比20.2%、生物质能消费占比8.3%、煤炭消费占比2%。

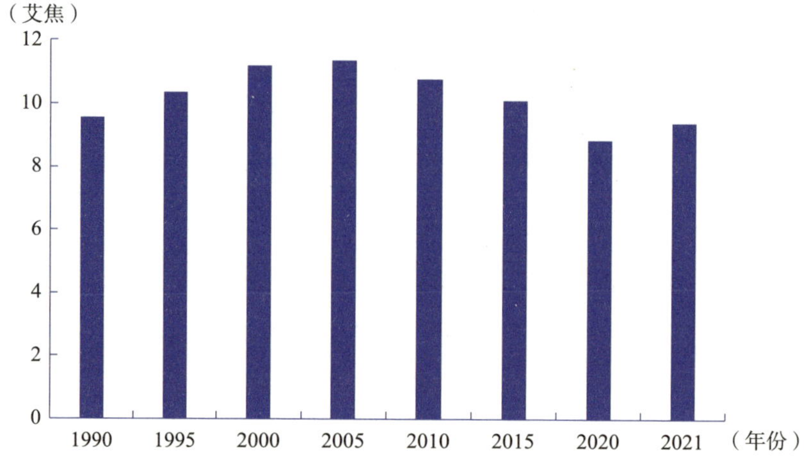

图2–1　法国1990—2021年一次能源消费情况

数据来源：国际能源署、英国石油公司

从供应侧看，法国一次能源结构呈现以核能、石油、天然气为主，生物质燃料和废弃物、水能、煤炭等为辅的多元格局，但核能占据主导地位。2021年法国能源供应结构中，核能占比36.5%、石油占比30.8%、天然气占比15.7%、生物质燃料及废弃物占比8.7%、煤炭占比3.7%（见图2–2）。

法国电源结构以核电为主，水电、风电和天然气发电为辅。从发电装机看，截至2022年底，法国发电装机容量为1.41亿千瓦，较上年增长8.0%。其中，核电装机容量为6137万千瓦，占总装机容量的43.5%；水电装机容量为2567万千瓦，占总装机容量的18.2%；风电装机容量为1954万千瓦，

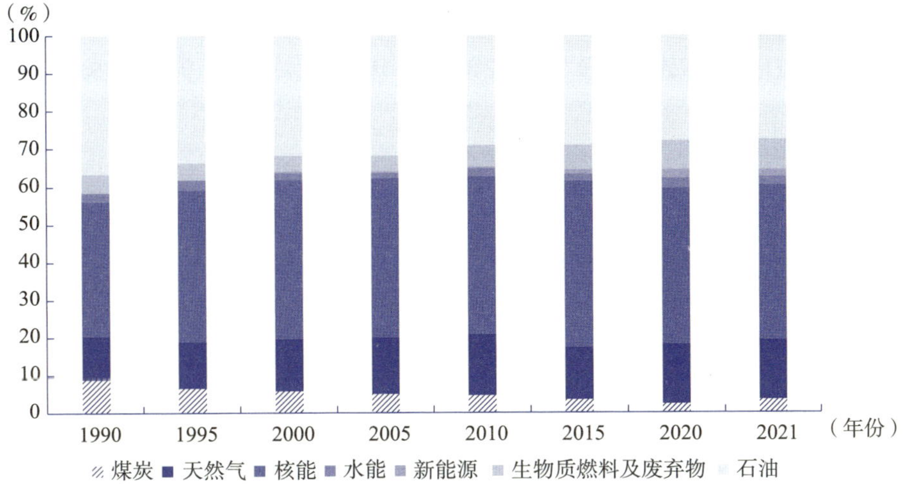

图 2-2　法国 1990—2021 年一次能源结构

数据来源：国际能源署、英国石油公司

占总装机容量的 13.9%；太阳能发电装机容量为 1315 万千瓦，占总装机容量的 9.3%；天然气发电装机容量为 1307 万千瓦，占总装机容量的 9.3%。可以看出，核能在法国能源结构中起到极为重要的作用。从发电量看，1990—2021 年，法国电力生产结构发生一定变化，但核电一直是其绝对主力电源。1990 年，法国总发电量为 4208 亿千瓦时，其中核电发电量为 3141 亿千瓦时，占比 75%；煤电发电量为 354 亿千瓦时，占比 8%；气电发电量为 30 亿千瓦时，占比 1%；水电发电量 574 亿千瓦时，占比 14%；燃油发电量 87 亿千瓦时，占比 2%；当时还没有风电和光伏发电等新能源技术应用。2021 年，法国核能发电量占比达到 66.46%（见图 2-3），是全球核能发电量占比最高的国家；水电发电量次之，占比 12.53%；风电发电量占比第三，为 7.63%；天然气发电量占比为 6.61%。与欧洲其他国家相比，法国的风电、光伏等新能源发电量占比较低，不足 10%。初步统计，2023 年，法国已实现 90% 以上的电力来自低碳能源，其中核电占比达 65% 左右，水电和风电分别占 12.4%、9.7%。

法国核电发电量达3200亿千瓦时，较2022年的2790亿千瓦时增长约15%，并向欧洲国家净出口500亿千瓦时电力，目前为欧洲第一大电力出口国。

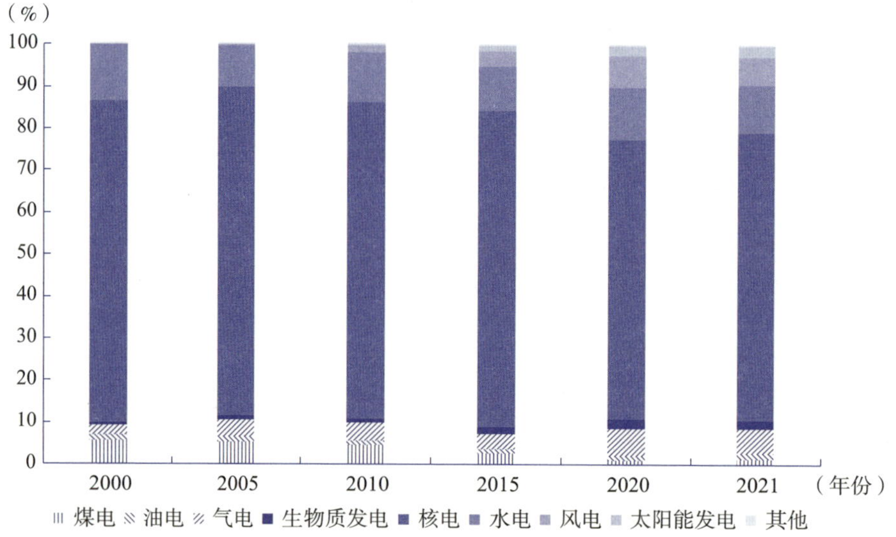

图 2-3　法国 2000—2021 年发电量结构

数据来源：国际能源署、英国石油公司

（三）法国核电呈现“积极发展—陷入停滞—再度倚重”的波浪式发展

法国是世界上核电发展历史最长、核电占比最高、核电技术最为先进的国家之一，无论是从装机容量还是从发电量的角度看，核电在法国电源结构中都占据绝对主导地位。从20世纪80年代起，核电已成为法国能源供应的“主力军”，核能发电量占比从1975年的7%上升到1990年的75%。多年技术积累让法国拥有了最为成熟的核工业体系，形成了包括法国电力公司（EDF）、阿海珐集团和法马通公司等全球领先的核电企业。

但在世界反核浪潮影响下，作为世界上核电占比最高的国家，法国的核电发展在日本福岛核事故后也一度陷入停滞，并曾尝试降低核电比例。2012年，时任法国总统奥朗德决定减缓核电发展的步伐，宣布计划关闭法国运行时间最久的Fessenheim核电站的两个反应堆。为了优化能源结构，实现减排目标，法国开始走向增加可再生能源、逐步减少核电的能源转型之路。2014年10月，法国议会通过能源转型法案，提出到2025年将核能发电量占比从75%削减到50%；到2030年化石能源消费量较2012年减少30%，可再生能源占终端能源消费量的比例从2012年的13.7%提高到32%。2015年8月，法国通过《能源转型绿色发展法案》，该法案拟定了法国能源转型的路线图，计划到2035年核电占比从2015年的75%降低到50%，最高装机容量控制在6320万千瓦以内。此后，法国核能发电量开始下降。作为法国最主要的电力来源，核电的减少让法国电力进口量上升。

新形势下能源安全风险加剧使得法国重新审视核电对保障能源安全的重要作用。2022年2月，马克龙宣布法国将重振核电领域，2050年前新建6座新一代欧洲压水式反应堆，并研究再建设8座其他核反应堆，以确保能源独立和碳中和目标实现。从2021年下半年开始，欧洲能源价格大幅上涨，能源供需形势日趋紧张。2022年7月8日，法国政府提出要将当时控股84%的全球最大核电公司——法国电力公司（Electricite De France，EDF）100%国有化，以完全控制法国电力供应和核电发展。2023年5月，法国国民议会通过《加速核能发展法案》，完成了重振核电的重要立法工作。根据这一法案，法国将取消2015年设定的“到2035年法国核电占比不超过50%的上限”，并简化行政手续促进新反应堆的建设。同时，为积极推动欧盟核能发展，法国还召集比利时、保加利亚等14个欧洲国家在巴黎举行会议，为欧洲核能发展拟定路线图，计划到2050年欧盟核电装机容量将从目前的1亿千瓦提高至1.5亿千瓦。这既是为了加强法国及欧洲的能源主权，也是为了保障能源安全和实现碳中和目标。2024 年 1 月，法国公布《能源主权法案》草案，取消了之前设定的“到 2025 年将核电在电力结构中的份额降低到 50%”的原有目标，同时更新了核电发展目标，将 6 座新 EPR 反应堆以及 8 座备选反应堆的计划纳入法案中。值得注意的是，该法案因未设定新的风电和光伏发展目标引起社会舆论关注，部分批评人士认为法国不设定可再生能源发展目标是为了避免其影响核电发展。

根据世界核协会统计，截至 2023 年底，法国在运核电装机规模 6137 万千瓦，位于全球第二位，在运反应堆数量 56 座，核电发电量约 3227.7 亿千瓦时，占全国发电量的约 65%，是世界上核电占比最高的国家。法国 1970—2023 年核电装机变化情况和核电发电量变化情况如图 2-4、图 2-5 所示。

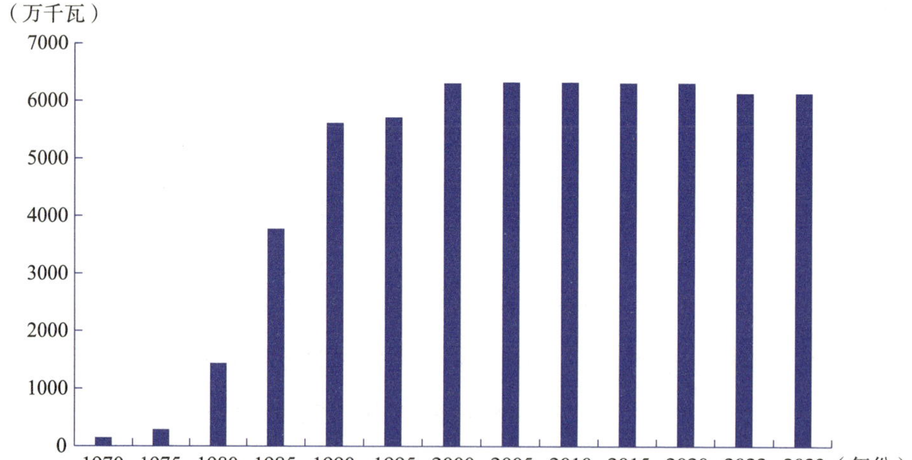

图 2-4　法国 1970—2023 年核电装机变化情况

数据来源：世界核协会

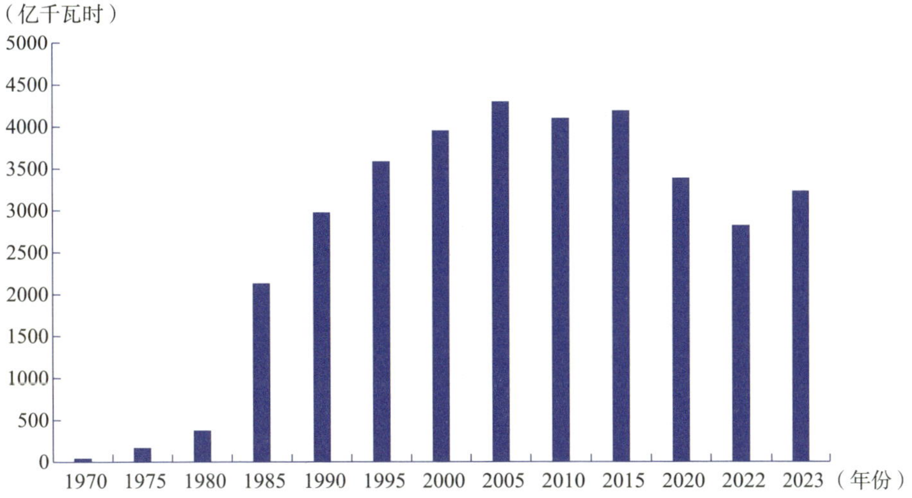

图 2-5　法国 1970—2023 年核电发电量变化情况

数据来源：世界核协会

法国核电发展主要节点时间线如图 2-6 所示。

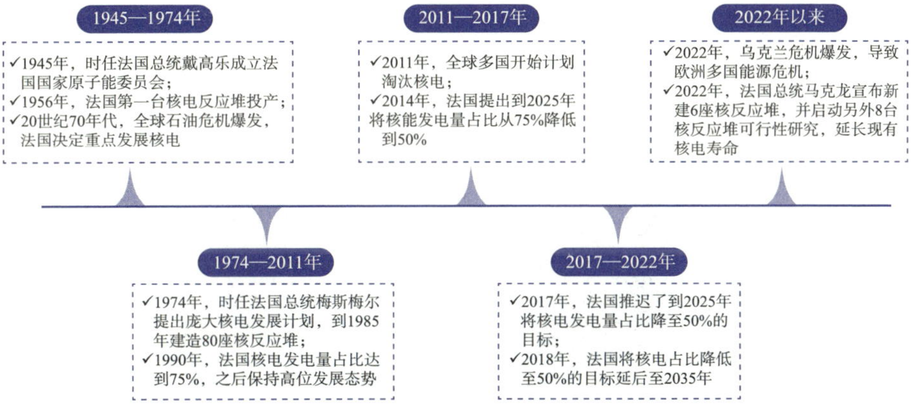

图 2-6　法国核电发展主要节点时间线

三、英国能源及核电发展政策动态

（一）英国能源转型呈现“去煤、增气、大力发展可再生”特征

作为工业革命的发源地，英国不仅是最早进入工业化的国家，也是最早开始现代化能源转型的国家。从20世纪50年代开始的“去煤”进程，到70年代的油气大规模开发，再到20世纪80年代大力推动核能、可再生能源等清洁能源发展，英国对能源环境关系的认知及全社会推动能源转型的共识不断提高。进入21世纪，英国将能源发展的重点放在可再生能源等低碳能源上，随着退煤等低碳转型政策不断执行，英国煤炭消费快速递减，石油消费稳步下降，天然气、可再生能源等低碳能源利用规模明显提升。

根据《英国能源简况2022》统计，1990—2021年，英国一次能源消费结构中，煤炭占比由31.3%降至3.4%，石油由36.1%降至32.1%，天然气由24.0%升至42.8%，核能、可再生能源等非化石能源则由8.6%大幅

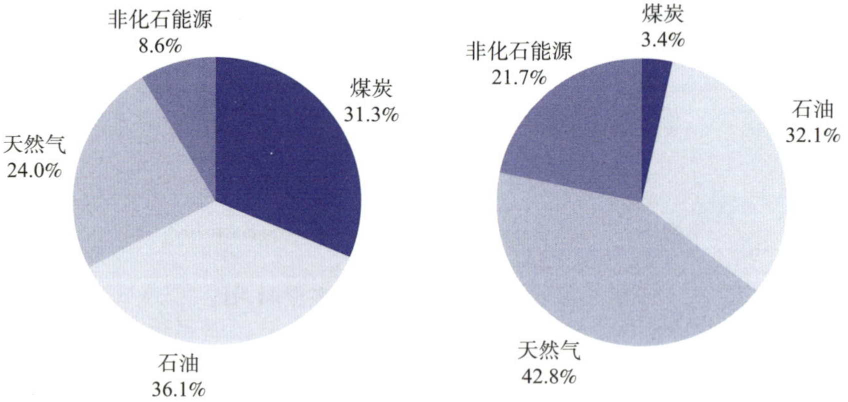

图2-7　英国1990年（左）和2021年（右）一次能源结构

数据来源：国际能源署、英国石油公司

升至 21.7%（见图 2–7）。据统计，2008—2018 年，英国经济增长 13%，温室气体排放量却下降了 30%，一次能源消费总量、全社会用电量、能源强度除特别年份小幅波动外，总体均保持逐步下降趋势。由此可见，英国可再生能源等低碳能源的快速发展助推英国实现了经济增长与温室气体减排的双赢，基本实现从“以油气代煤”到“以非化石能源替代化石能源”的能源转型之路。

自推进低碳转型以来，英国能源供应呈现低碳化、多元化发展态势，以风电、光伏发电为代表的可再生能源发电装机规模和发电量快速提升，成为推动经济增长和能源转型的重要力量。

从电力装机情况看，英国风电、光伏等新能源发电实现跨越式发展，电力结构由化石能源为主向非化石能源为主转变。2010 年前，英国电力装机仍以化石能源发电为主，煤电、气电等火电装机占比长期维持在 80% 左右。随后，在环保约束、政策刺激、技术进步等多重因素影响下，风电、光伏发电等可再生能源发电快速发展，2018 年可再生能源、核电等非化石能源发电装机规模首次超过化石能源，成为英国电力装机的主体。如图 2–8 所示，2000—2021 年，英国煤电装机容量由 3466 万千瓦降至 414 万千瓦、占比由 45.5% 降至 4%；在天然气产业发展及环保约束带动下，英国气电得以快速发展，装机容量由 1904 万千瓦升至 3326 万千瓦、占比由 25% 升至 32.5%；受经济性、安全性及国际舆论压力影响，英国核电装机容量由 1295 万千瓦降至 849 万千瓦、占比由 16.4% 降至 8.3%。在此期间，可再生能源发电则实现跨越式发展，合计装机容量由 239 万千瓦升至 4970 万千瓦，增长了 20 倍以上。截至 2021 年底，英国风电装机容量 2713 万千瓦，其中陆上风电 1460 万千瓦、海上风电 1253 万千瓦；光伏发电装机容量 1369 万千瓦，风光发电合计装机占比由 2000 年的 0.5% 快速增加至 2021 年的 40% 左右。

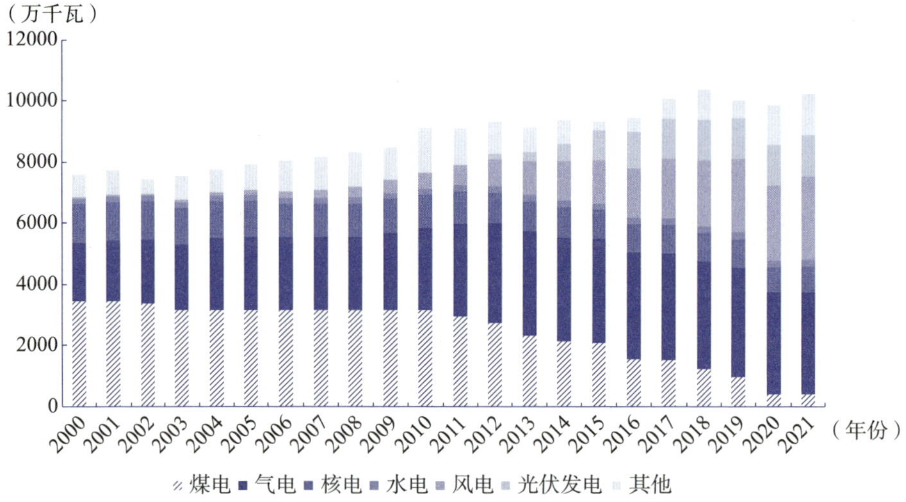

图 2-8 英国 2000—2021 年电力装机情况

数据来源：EMBER，UK ENERGY IN BRIEF 2022

从发电量情况看，英国总体呈现“去煤、增气、大力发展可再生”特点。如图 2-9 所示，1990—2023 年，英国煤电发电量比重由 70% 以上降至 1.6% 左右，基本实现由主体电源向应急备用电源的定位转变；核电发电量逐步下降，占比由 20% 降至 15% 左右；其间，受环保政策刺激以及天然气产业发展影响，英国气电快速发展并成为第一大电源，发电量比重升至 35% 左右；风电、光伏发电等合计发电量发电占比由不到 1% 大幅提升至约 33.5%（风电 28.7%、光伏发电 4.8%），成为仅次于气电的主要电量支撑。**可见，“新能源 + 气电”是多年来英国电力低碳转型的主要方向。**另外，需要指出的是，借助优越的地理条件、丰富的海上风能资源，英国海上风电快速发展，2023 年海上风电发电量占比超过 17%，预计将是英国未来低碳发展的重要领域之一。英国 2000—2023 年发电量情况如图 2-10 所示。

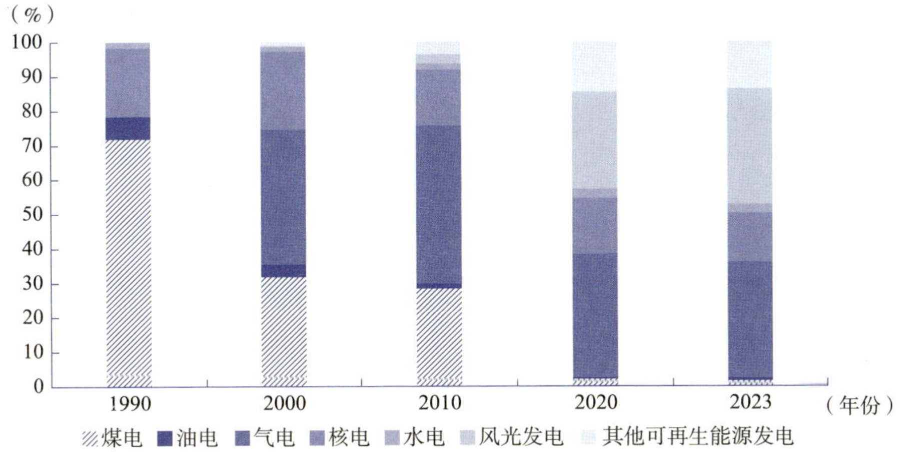

图 2-9　英国 1990—2023 年发电量结构

数据来源：国际能源署

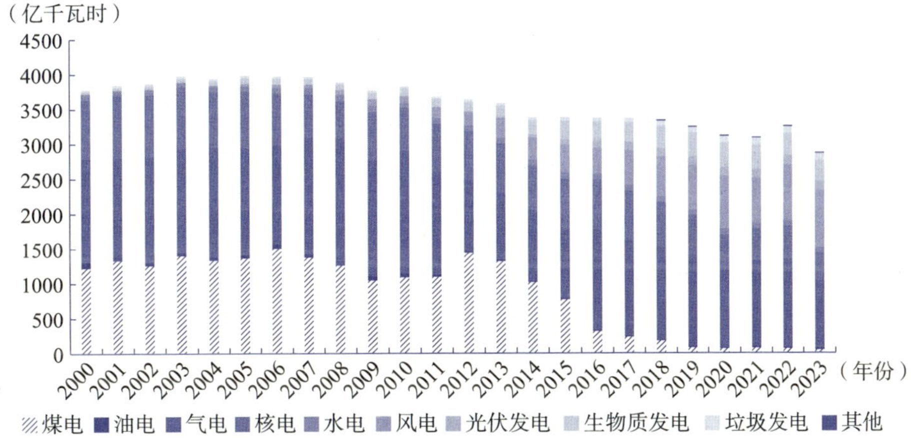

图 2-10　英国 2000—2023 年各类可再生能源发电情况

数据来源：国际能源署

（二）英国能源低碳转型目标及相关低碳发展政策

早期，英国能源结构以煤为主，电力结构以煤电为主。进入 21 世纪以来，随着英国政府对保障能源安全、保护生态环境、应对气候变化等问题日益重视，大力加快发展可再生能源成为其低碳转型政策的主要内容。

清洁能源发展目标方面。2000 年以来英国高度重视发展可再生能源，先后发布多项政策措施支持风电、光伏等低碳能源发展。2003 年英国发布《能源白皮书》，提出其能源政策将向大力发展清洁低碳的可再生能源倾斜，减少煤炭、石油等高碳能源利用。2011 年英国发布《可再生能源发展路线图》，提出到 2020 年英国可再生能源发电量占比达到 15% 的目标。2017 年英国政府宣布 2025 年前淘汰现有煤电，由天然气发电和可再生能源发电替代补充。2019 年英国发布《海上风电产业战略规划》，明确提出 2030 年海上风电装机规模达到 3000 万千瓦，发电量比重达到 30%；同年，英国明确提出 2050 年实现温室气体“净零排放”的目标，成为全球应对气候变化的引领者之一。

能源电力投资及财政政策方面。为保障可再生能源发电企业利益，英国自 2002 年起实施“可再生能源配额 + 绿证交易”为主的支持政策，并引入可再生能源配额（RO）用于支持大型可再生能源项目。随后，英国颁布《可再生能源义务法令》，以市场为基础对可再生能源进行扶持，旨在通过多样化可再生能源义务证书，对不同技术的可再生能源发电给予实质性激励。此外，英国对外投资的可再生能源发电项目实施低税率等优惠政策，对非可再生能源发电项目征收电力税，从而提高可再生能源发电的市场竞争力。

2021 年欧洲能源危机爆发，叠加 2022 年俄乌冲突发酵升级，全球能源市场剧烈震荡，煤炭、油气、电力等能源价格持续高位，欧洲多国出现了严重的能源电力安全问题。为更好统筹低碳转型和能源安全，2022 年 4 月英国发布新的《能源安全战略》，系统化阐述了英国加快海上风电、太阳能发电、先进核能等清洁能源的政策安排。具体看，英国计划到 2030 年海上风电装机规模达到 5000 万千瓦；到 2035 年太阳能发电装机规模达到7000万千瓦；到2050年通过风能、太阳能组合发电，实现低成本的电力系统净零排放。同时，英国还特别强调要加大核能开发利用，计划2030年前开工建设8座核电站，2050年核电装机规模达到2400万千瓦，核电发电量占比由当前的15%升至25%。由此可见，未来风电、光伏、核电将是英国电力发展和低碳转型的主要方向。

（三）英国核电经历先减核再重启的复苏式发展

英国是全球发展核能较早的国家，在核科学技术、核武器研制、民用核能发展等方面曾走在世界前列。1953年，英国开始在Windscale建设Calder Hall核电站，技术上用二氧化碳做冷却剂，由于燃料包有镁诺克斯（Magnox）合金，所以这种堆型也被称作镁诺克斯反应堆。Calder Hall核电站历时三年建成，1号机组于1956年8月正式并网，两个月后投入商运，成为英国第一个商业运行的核电站。在随后的60年代，英国一共建成了7座Magnox核电站，共14个反应堆，总装机容量达到480万千瓦。随着英国民用核能起步阶段的快速发展，在整个核产业循环和技术研发上，英国也曾走在世界前列。快堆研究方面，英国设在苏格兰北部的Dounreay厂址，其原型快堆（PFR）1974年成功并网，该反应堆功率达到25万千瓦，并且在PFR的研究基础上，英国与法国、德国合作，完成了欧洲快堆计划（EFR）的概念设计。在前端技术方面，英国的第一个气体扩散法铀浓缩工程于1953年在位于Capehurst的工厂开始运行，到1976年，该扩散厂被一个采用离心法进行铀浓缩的工厂取代。在后端技术方面，英国是除了法国之外，另一个较早掌握乏燃料后处理技术的国家，位于塞拉菲尔德的Magnox后处理厂于1964年即投入运行。

20世纪80年代，在世界反核舆论、技术路线选择、市场改革等多因素影响下，英国核电发展陷入停滞。技术路线方面，出于成本等原因，1978 年英国政府决定支持引进压水堆技术，选用西屋公司基于 Callway 和 Wolf Creek 核电站的 SNUPP 设计，经过修改之后，在英国建设了第一座压水堆核电站 Sizewell B 核电站，1987 年开工，1994 年投运。市场改革方面，20 世纪 80 年代开始，英国掀起了电力市场改革与能源公司的私有化浪潮，英国能源投资决策分散到各个能源巨头手中，包括核电投资在内的能源投资的主导权交给私有化的电力公司，这些电力公司又有不少被英国国外的能源巨头收购。核电由于基础投资大、回报时间长，缺乏政府主导的发展计划，在很长一段时间内都无法受到重视。

2000 年后，英国的能源供给形势发生了新的变化。英国的石油和天然气产量开始下降，大量的煤电厂关停，到 2005 年，英国结束了此前 25 年左右的能源自给的历史，从能源出口国变为能源进口国。与此同时，受气候政治的压力，为减少碳排放，2008 年，英国政府发布《核能白皮书》，宣告英国核能重启，但国内的核电技术和投资建设能力已经不具备竞争优势。

根据世界核协会最新统计，截至 2023 年，英国拥有 5 座在运核电站、9 座在运核反应堆，合计装机规模达 588 万千瓦，发电量占比为 14% 左右，装机规模较 20 世纪 90 年代的 1200 万千瓦左右峰值降低了一半，发电量占比较 20 世纪 90 年代 25% 的峰值水平下降了 10 个百分点。其中有两座核电站预计将于 2026 年底退役，在建核电项目受到成本超支的影响，建设进度严重滞后。英国 1970—2023 年核电装机变化情况和核电发电量变化情况如图 2-11、图 2-12 所示。

2022 年 4 月英国发布的《能源安全战略》特别强调要加大核能开发利用，计划 2030 年前开工建设 8 座核电站，2050 年核电装机容量达到 2400 万千瓦，核电发电量占比由当前的 15% 升至 25%，以确保其不再受制于

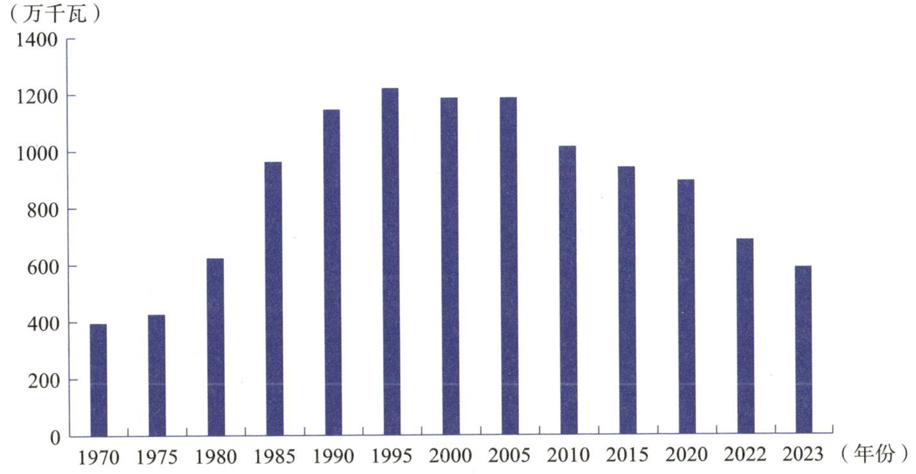

图 2-11　英国 1970—2023 年核电装机变化情况

数据来源：世界核协会

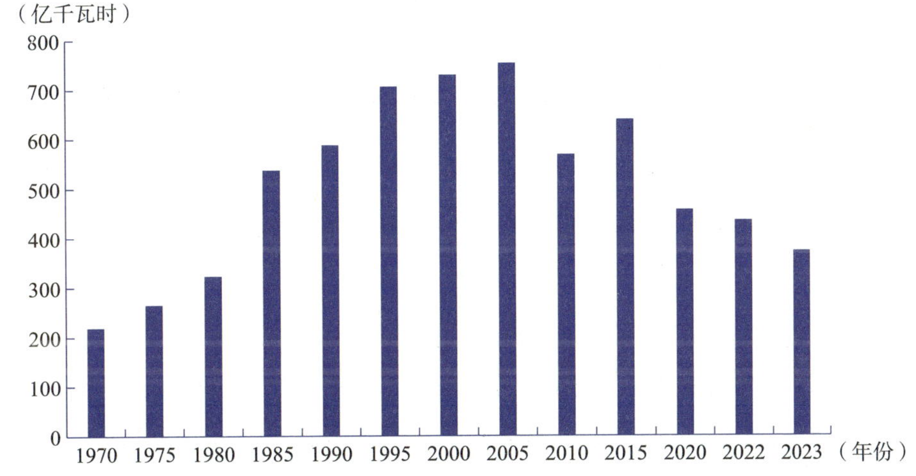

图 2-12　英国 1970—2023 年核电发电量变化情况

数据来源：世界核协会

全球油气市场波动的影响。此外，英国还致力于推动小型模块化反应堆（SMR）发展，计划在 25 年之内建造 16 座 SMR，扩展核能利用方式并提升核产业竞争力。2023 年上半年，英国气候变化委员会将核电归入绿色分类中的环境可持续类，使其获得与可再生能源相同的投资激励，旨在促进英国核能发展；同时英国政府新设立了大英核能机构（GBN），负责推动新核电项目交付，目标是到2050年将核能在电力结构中的份额从当前的15%提高到25%。2024年1月，英国能源安全和净零排放部发布《民用核电路线图》，这是英国70年来最大规模的核能扩张计划，以加速其能源独立并助力2050年实现净零排放目标。该路线图阐明了核电发展的关键行动和时间表，设定了核电发展目标，即装机容量在2050年前翻两番、达到2400万千瓦，满足英国1/4的电力需求。该路线图还提出调研建造一座新的大型核电站、投资3亿英镑生产先进铀燃料及进行“更智能的监管”，向核电行业和投资者释放出明确信号。

四、德国能源及核电发展政策动态

（一）德国大力发展新能源推动低碳转型取得积极进展

德国是全球能源转型的先行者与可再生能源发展的领头羊。由于能源资源条件相对贫乏，德国把发展可再生能源和提高能源效率作为其能源转型的两大核心目标和主要路径，采取了一系列激励和补贴政策，促进科技创新和节能减排，倡导绿色低碳智慧的能源转型。

从一次能源结构看，2010年以来德国一次能源消费整体平稳，基本保持在5亿吨标准煤以下水平，但能源消费结构出现了明显变化。煤炭消费比重先升后降，2010—2014年，煤炭消费比重从22.6%增至25.1%，随后逐步下降至2021年的19.8%（见图2-13）。油气消费比重较为平稳，石油消费比重在32%~36%区间波动，天然气消费比重则在20%~24%区间波动。可再生能源消费比重不断上涨，2010年至2021年间从9.9%上涨至17.2%。2022年，德国一次能源消费约4.3亿吨标准煤，其中石油约1.42

亿吨标准煤、占 35.2%，天然气约 1.11 亿吨标准煤、占 23.8%，煤炭约 0.72 亿吨标准煤、占 19.8%，可再生能源占比约为 17.2%。

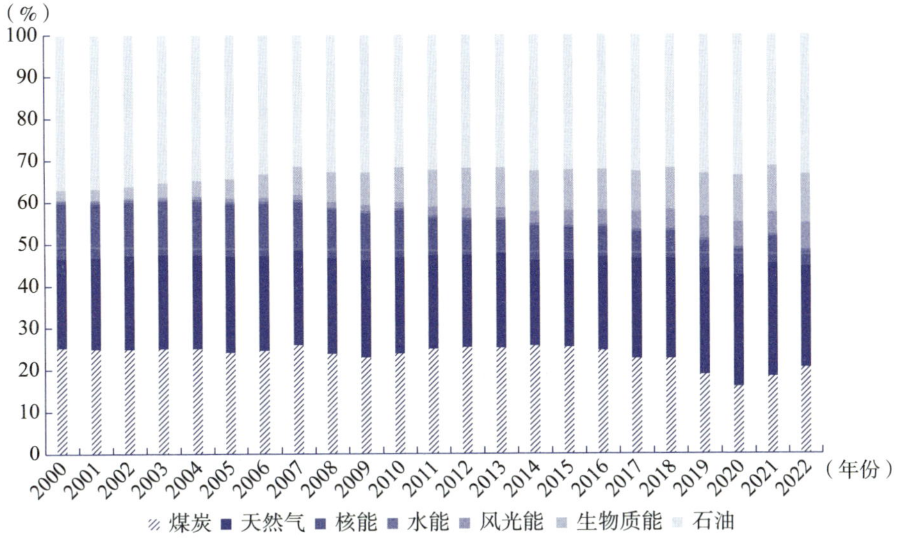

图 2–13　德国 2010—2022 年一次能源结构

数据来源：国际能源署、英国石油公司

德国以光伏为代表的新能源发电快速发展，非化石能源发电装机占比约七成，煤电、气电等电力支撑作用明显（见图 2–14）。德国在新能源发展初期的能源结构以煤电、核电、燃油和燃气发电为主。2006 年，德国火电装机容量占总装机比重高达 75%，可再生能源装机容量较小。随着德国《可再生能源法》的发布实施，确定了以固定上网电价为主的可再生能源激励政策，完善了上网电价，可再生能源特别是风电、光伏发电装机容量增长迅速。从装机情况看，2023 年德国电源总装机容量 2.45 亿千瓦，其中，煤电装机容量 3749 万千瓦，占比 15%；天然气发电装机容量 3480 万千瓦，占比 14.2%；风电装机容量 6810 万千瓦，占比 27.5%；太阳能发电装机容量 7648 万千瓦，占比 30.9%，非化石能源发电装机占比约七成。从电力负荷看，德国最大电力负荷约 8300 万千瓦，电源装机容量是最大

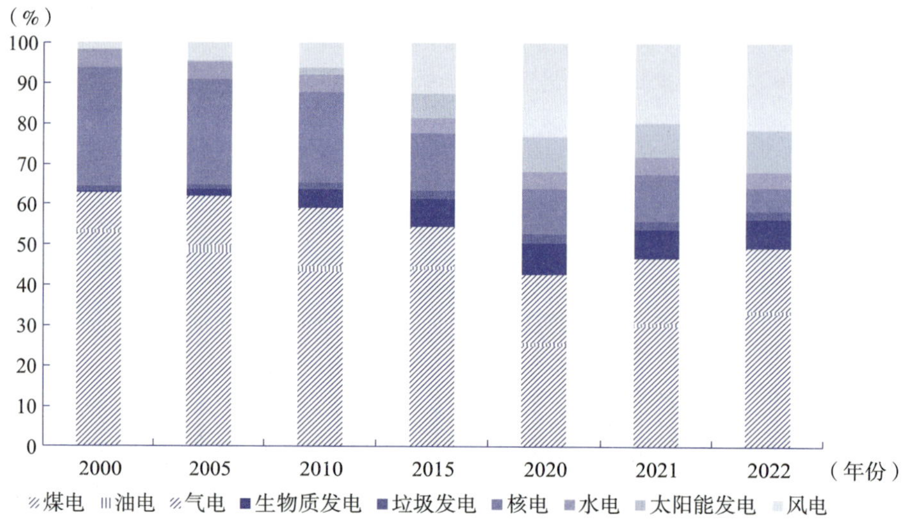

图 2-14　德国 2000—2022 年各类型电源发电量占比

数据来源：国际能源署、英国石油公司

负荷的 3 倍，电力供应比较富裕。水电、生物质发电、核电、煤电、燃油燃气发电等可调度电源装机容量约 1 亿千瓦，基本可覆盖德国最大用电负荷需求。从发电量结构看，近年来在可再生能源快速发展背景下，德国风电、光伏等新能源发电量快速增长，在发电量结构中占比也快速提升。煤电、气电等常规电源发电量稳中有降，但发电量占比仍在一半左右，仍是德国清洁电力系统的重要供应来源。2022 年，德国发电总量为 5894 亿千瓦时，其中非水可再生能源发电量 2411 亿千瓦时，包括风电发电量 1252 亿千瓦时、太阳能发电量 607 亿千瓦时、生物质及其他形式发电量 552 亿千瓦时，占总发电量的 40.9%，可再生能源发电占比处于全球较高水平。另外，2022 年德国煤炭发电量 1935 亿千瓦时，占比 32.8%，天然气发电量 916 亿千瓦时，占比 15.6%，均为近年来较高水平，说明在欧洲能源危机时期，传统火力发电对于保障能源安全发挥了重要兜底作用。

（二）以绿党为代表的德国政府能源转型政策较为激进

德国是欧盟的主要国家之一，也是欧洲较早推动绿色低碳转型并取得积极进展的国家。近年来，德国一方面积极参与和推动“减碳 55”战略（“Fit for 55”）、为欧盟重新供能计划（RePowerEU）、欧盟碳市场等欧盟减排进程，另一方面主动实施一系列绿色低碳转型政策。目前德国联邦政府中，经济、外交、环境等部门均被绿党掌控，其减排力度极有可能将更为激进，其核心理念是可再生能源逐步替代化石能源，其中可再生能源发电和节电则是实现德国脱碳的重点。此外，在弃核政策、去煤政策、碳排放交易机制、能效政策方面也做出了部署和调整，搭建了能源转型的整体政策框架。

一是明确气候目标。2021 年 5 月，时任德国总理默克尔提出提高减排目标，2030 年温室气体排放较 1990 年相比减少 65%（高于欧盟减少 55% 的目标），2045 年实现气候中和（较之前 2050 年气候中和目标提前 5 年）。2021 年底，朔尔茨领导的新一届德国政府上台，明确将绿色低碳转型作为工作的重中之重，重申不晚于 2045 年实现气候中和，并将以碳中和目标指导经济发展。

二是制定战略框架。近年来，德国出台了一系列国家长期减排战略、规划和行动计划，包括《可再生能源法》《国家氢能战略》《气候行动计划 2030》等。特别是德国联邦议院 2021 年 6 月通过的《联邦气候保护法》修订案，建立了“行业目标分解的年度排放预算许可制度”，设定了到 2030 年要达到的二氧化碳当量，并对能源、工业、建筑、交通、农业、废弃物、土地利用变化和林业等重点行业设立了具有约束力的具体目标。

三是推出能源计划。为应对国际能源危机，2022 年 7 月德国联邦议院通过“复活节一揽子”能源计划，提出“到 2030 年可再生能源发电占电力结构的80%”，较此前提出的“2030年可再生能源发电占比65%”目标进一步提升，以期加速可再生能源建设，摆脱对化石燃料进口的严重依赖。该计划明确了德国电力发展途径：到2030年德国太阳能发电装机容量达到2.15亿千瓦，陆上风电装机容量达到1.15亿千瓦，海上风电装机容量达到3000万千瓦以上。为确保实现相关目标，德国拟修改自然保护法，将陆上风电应用地区扩展到自然保护区，并制定统一的国家物种保护审查标准来简化和加快陆上风电审批程序。

四是加大绿色投资。2020年，德国通过1300亿欧元的经济复苏计划，其中500亿欧元聚焦“气候转型”和“数字化转型”，将支持电动交通、氢能、铁路交通、绿色建筑等领域发展。2022年，德国将原有的“能源与气候基金”升级为“气候与转型基金”，提出从2023年到2026年，联邦政府提供约1775亿欧元用于绿色转型相关领域，并鼓励更多社会投资进入。

（三）德国由核电大国转为退核大国

德国的核能研究和发展起步很早，是曾经的核电大国。德国早在20世纪50年代就开展核电研究，建立了一系列核能研究中心，并且大部分研究中心和大学的研究院都拥有实验反应堆。1958年，联邦德国颁布《原子能法》，此后《放射性物质保护条例》《核能许可程序条例》陆续出台，一起构成了德国核能利用和安全保障的法律体系。1960年，德国建造了德国第一座核电站——卡尔实验核电站。1969年，德国建成了第一座商用的核电站——奥布利希海姆核电站。1974年，中东石油危机爆发，德国政府大力支持发展核电，德国核工业进入了一个快速发展时期。当时的西德首都波恩是西欧最重要的核电研究中心，德国在民用核电领域走在西欧乃至全世界的前列，与法国并称欧洲两大核电巨头。20世纪60—80年代，德国的核电技术一直领先世界，公认是最安全的。在权威报告《2000年国际核电站电力生产比较》中，根据性能与安全评议出的世界十大最安全核电厂中，德国占了6座。

反核运动、核电站事故以及执政党派更替改变了德国核电的发展轨迹。德国的反核运动始于20世纪70年代，当时一些倡议反核的组织举行了针对个别核电站建设项目的抗议活动，并得到了跨党派的支持。1979年，美国三哩岛核电站事故发生后，汉诺威和波恩约有20万人走上街头，抗议使用核电。在政府考虑放射性废物处理和存放地点时，更多的抗议接踵而来。反核运动是1980年绿党成立的主要原因之一，绿党最为活跃的地区正是德国核工业密集的西北和西南部。1986年4月发生的切尔诺贝利核事故更是引起了德国人对核能的普遍恐惧，并放大了反核情绪。受此影响，德国逐渐转变对核电的态度，德国的政治家开始强调核能是一种“暂时的”过渡性选择，1989年以后再也没有新建商业核电站。

1998年，绿党第一次登顶德国政坛，与社会民主党组成的红绿联盟赢得联邦议会选举。施罗德政府上台后与四大能源供应巨头［意昂集团（E.ON）、莱茵集团（RWE）、巴登符腾堡能源集团（EnBW）、大瀑布（Vattenfall）］达成了所谓的“核共识”。2001年，老牌核电公司西门子将所有核电业务出售给法国法马通集团，西门子占34%股份，法国核电巨头法马通集团占66%股份。从此，西门子不再从事核岛业务，而专注于常规发电设备业务及核电汽轮发电机组和常规岛业务。2002年，施罗德政府通过《原子能法》修正案，颁布了一项“核电逐步退出”的法令，将核电站的使用寿命限制在32年，明确最后一座核电站须在2022年关闭。

2005年，默克尔领导的联合政府上台。出于经济形势考虑，默克尔政府认为新能源发电具有不稳定性，德国需要供电稳定且清洁的核能，于是2010年9月撤销前政府的退出核能计划，并推出了新的能源方案，将7座核电站的运行时间延长了8年，将其余10座核电站的运行时间延长了14

年，德国关闭最后一座核电站的时间由 2022 年推迟到 2035 年。这份方案当时在德国引起极大争议，导致绿色组织和反核人士游行抗议不断。2011 年，在日本福岛核事故发生后，德国反核运动掀起新的高潮。在民意压力下，默克尔政府内阁做出了“全面退出核电”的决策，并于 2011 年 6 月在联邦议院宣布关闭 8 座核电站，将其余 9 座核电站的运行时间限制在 2022 年。从此，德国正式踏上弃核之路。

俄乌冲突暂缓德国弃核步伐，但未能改变酝酿 20 余年的弃核政治决定。2022 年俄乌冲突爆发后，在通货膨胀、能源价格高企、能源安全压力加剧情况下，德国政府决定将最后三座核电站作为“应急备用”机组延长退役至 2023 年 4 月中旬。2023 年 4 月 15 日晚间，最后三座核电站停止运行，宣告德国长达 60 多年的“核时代”结束，押注其在既弃核又退煤的情况下能够实现绿色转型。但放眼全球，此举实属个例，更像是德国“开弓没有回头箭”的政治选择。据德国联邦统计局统计，最后关闭的三座核电站发电量占 2022 年德国总发电量的 6% 左右、占 2021 年的 12% 左右。

着眼未来，在既弃核又退煤的情况下，德国拟定计划在 2034 年实现化石能源彻底“去俄化”，德国需要大幅依赖可再生能源、进口天然气及进口电力来填补能源供应缺口，将从电力净出口国转变成电力净进口国。根据德国能源监管机构联邦电网局发布的报告，2020 年德国进口电力总量同比增加 38.8%，其中从法国进口的电力增长尤为明显。而法国约有 70% 的电力来自核电，在法德边境就建有 Fessenheim 和 Cattenom 两座核电站共 6 个反应堆。可见，德国“弃核”后并非彻底“戒核”，常态化仍会从邻国采购“核电”，在面临能源保供压力、经济发展紧迫需要时，仍然不排除根据客观形势要求重启核电的可能性。

德国 1970—2022 年核电装机变化情况和核电发电量变化情况如图 2–15、图 2–16 所示。

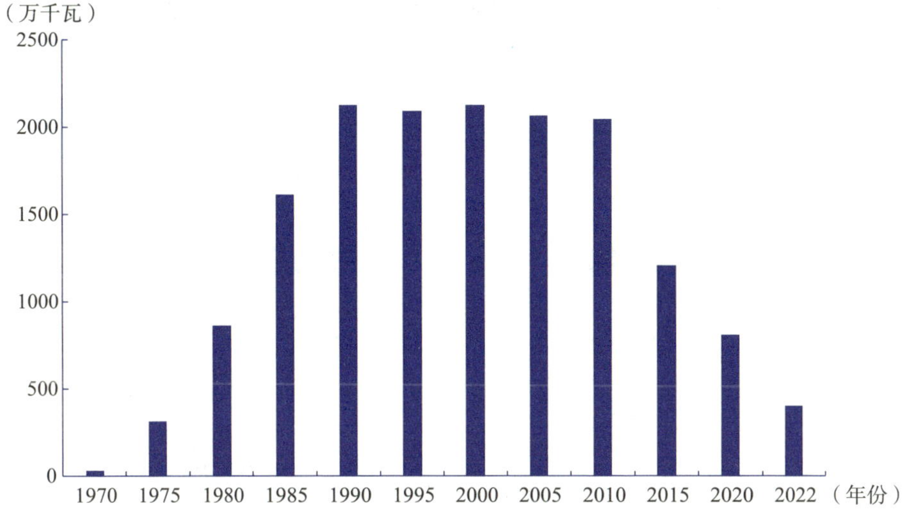

图 2-15　德国 1970—2022 年核电装机变化情况

数据来源：世界核协会

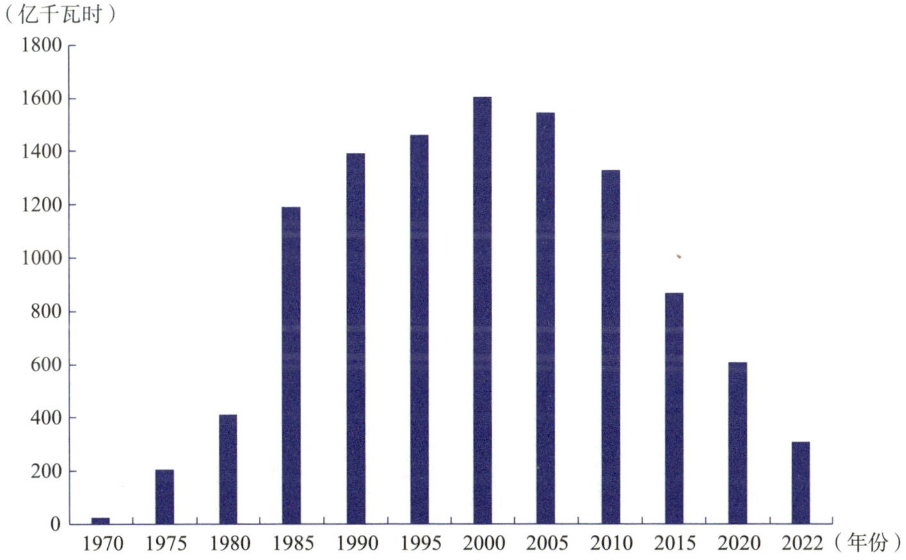

图 2-16　德国 1970—2022 年核电发电量变化情况

数据来源：世界核协会

德国核电发展历史沿革情况如图 2-17 所示。

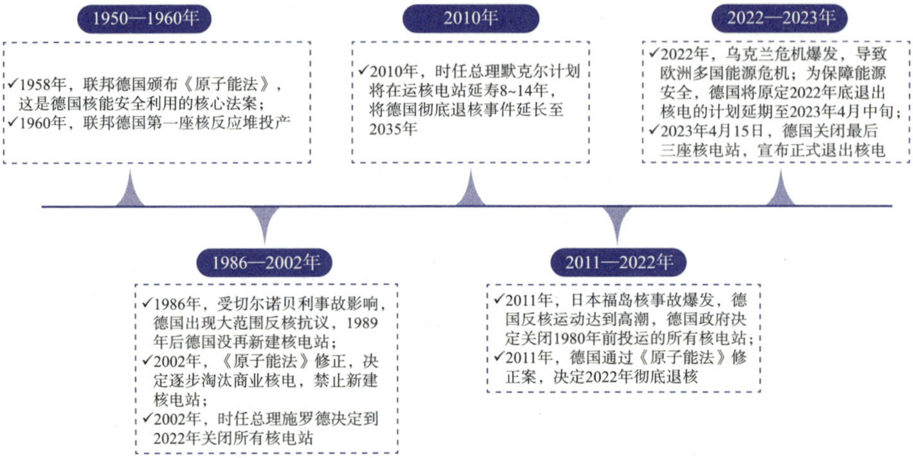

图 2-17　德国核电发展历史沿革示意

五、弃核国家意大利重新审视发展核电

（一）意大利核电发展历程

意大利在民用核能研究方面曾走在世界前列。早在 20 世纪 50 年代，意大利就开始建造核电站，建成的 4 座核电站为意大利电力供应提供了重要支持，并在一定程度上缓解了电力紧张的局面。此外，意大利在核电燃料循环方面也进行了大量的投资和实践，几家实验性工厂陆续投产，包括 1973 年投产的 FN 工厂，用于制造低浓铀；1968 年投产的 IPU 工厂，用于制造 MOX 组件；1970 年投产的 Eurex 工厂，用于对铀—钚燃料进行后处理；1969 年投产的 Itrec 工厂，专注于铀—钍燃料；1968 年投产的 Opec 工厂，用于对轻水反应堆燃料进行辐照后检查。1973 年的石油危机进一步增强了意大利的核能发展雄心。当时，意大利通过 Enel 公司承诺在法国建造一座 120 万千瓦的 Superphénix 快中子反应堆。然而，这一雄心壮志随后受挫，尤其是在 1979 年美国三哩岛核事故发生后，该计划进展放缓。不过，1982 年，安萨尔多（Ansaldo）和通用电气公司在拉

齐奥的蒙塔尔托（Montalto）启动了一对 100 万千瓦沸水反应堆的建造项目。

然而，随着切尔诺贝利核事故的发生，意大利政府开始重新审视其核能政策。1987 年，意大利进行了全民公决，决定逐步淘汰核能。随后，意大利关闭了所有核电站，并停止了新的核能项目。一段时期后，受经济发展、能源安全等因素影响，2008 年西尔维奥·贝卢斯科尼政府首次公开支持核电发展，设定了计划在 2020 年之前投产第一台机组，并在 2030 年之前实现 1300 万千瓦发电能力的目标。然而，这一计划并未能够顺利推进。在日本福岛核事故后，全球对核能的担忧进一步加剧，意大利政府也不得不重新评估其核能政策。目前，意大利的电力消费严重依赖进口，其中约 6% 的电力需求通过从邻国市场进口的核电来满足。意大利 1970—1990 年核电装机变化情况和意大利 1970—1986 年核电发电量变化情况如图 2-18、图 2-19 所示。

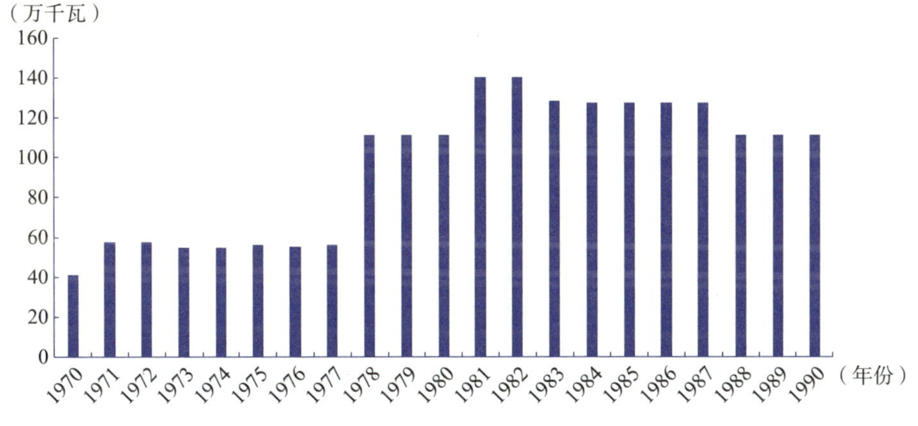

图 2-18　意大利 1970—1990 年核电装机变化情况

数据来源：世界核协会

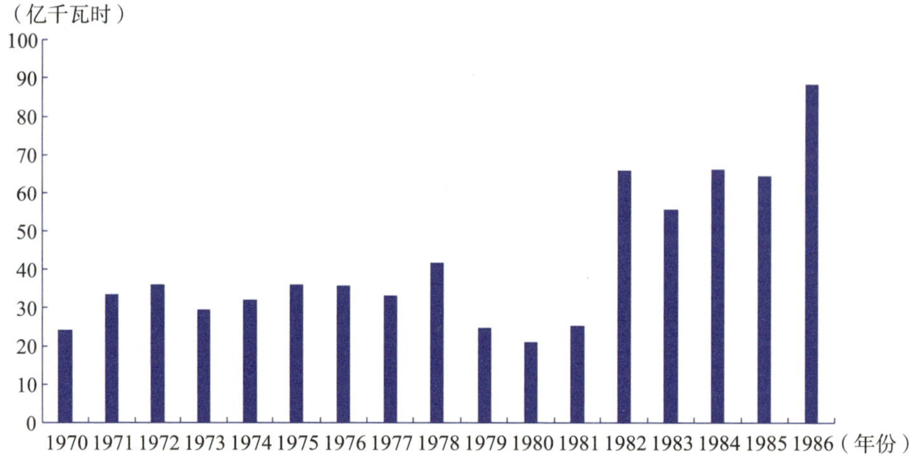

图 2-19 意大利 1970—1986 年核电发电量变化情况

数据来源：世界核协会

（二）新形势下核电再度被寄予厚望

如今，欧洲乃至全球正在经历着新一轮的核电复兴，意大利政府也在密切关注核电发展趋势和技术演进情况。2023 年 5 月，意大利众议院批准了一项重要协议，要求政府评估将核能作为替代性清洁能源纳入国家能源结构的可行性。该协议得到了多数议员的支持，包括意大利力量党、意大利军团和意大利兄弟会等党派的支持，甚至两个反对党 Azione 和万岁党也给予了支持。议会中最大的反对党——民主党（中左翼）则对此具体承诺投了弃权票，但并未投出反对票。这项动议还深入回顾了当前国际能源背景，特别强调了意大利对能源供应的高度依赖。数据显示，2020 年意大利的能源对外依赖度高达 73%，而欧盟的平均依赖度仅为 58%。更值得注意的是，2021 年天然气占据了意大利电力生产的近 50%。所以，俄乌冲突发生后，意大利不得不重新审视其能源安全问题，曾经颇受冷遇的核电再次成为政策讨论焦点。

2023 年 7 月 20 日，意大利议会举行了一场关于意大利重启核能前景的研讨会。此次会议会聚了主要公共机构、研究中心、工程院校和核工业界的代表，以及来自环境与能源安全部和外交部的官员，研究认为将核能纳入国家能源组合已成为当前的迫切任务。紧接着，在 2023 年 9 月 21 日，由环境与能源安全部（MASE）部长主持的“可持续核能国家平台”在罗马正式启动，此次会议吸引了 17 位工业界、12 所工程学院、5 个研究中心、2 个公共机构和 2 个专业协会的代表参与。会议的主要目标是推动制定一份详细的核能发展路线图，用以确定“可持续核能国家战略”，并拟于 2030 年和 2050 年之前，分别为裂变核能和聚变核能制定上述战略的“实施计划”。

2024 年 7 月，意大利环境与能源安全部部长弗拉廷在米兰举行的全球能源转型大会上表示，意大利政府已正式启动针对 2030 年后重启核电可行性的评估流程，重点聚焦采用小型堆等新型可持续核电技术，作为推动意大利能源结构绿色转型的重要选择。根据意大利政府向欧盟委员会提交的国家综合能源和气候计划，对核电发展制订了两种方案：一是保守方案，即 2050 年核电装机容量达到 800 万千瓦、占发电装机比重 10% 左右；二是积极方案，即 2050 年核电装机容量达到 1600 万千瓦、占发电装机比重 20% 左右。

（三）意大利重启核电的机遇与挑战并存

从发展机遇看，尽管核行业经历了多次危机，但意大利成功地保留了自己的产业积累和专业技能。意大利的核工业不仅为美国核电机组提供维修服务，还通过安萨尔多核电公司与曼吉罗蒂核电公司（西屋公司的子公司）的合资企业，为中国三门 AP1000 核电站的建设提供了维修服务。此外，安萨尔多核电公司还参与了罗马尼亚（加拿大）坎杜反应堆的建设项目。在国际市场上，意大利还拥有其他与核能相关的知名企业，如生产大型部件的 ATB 集团和 Walter Tosto，以及生产管道和弯头的 Tectubi

Raccordi、Italiana Bulloni Forgiati 和 MEGA Fittings 等，Enel 集团也通过其西班牙和斯洛伐克的子公司继续经营核电业务。此外，意大利长期以来一直是法国工业的可靠合作伙伴。基于双方深厚的战略工业合作关系，以及在 2009 年由 EDF 和 Enel 成立的合资企业 SNI–Sviluppo Nucleare Italia 考虑建造四座 EPR 的背景下，超过 200 名意大利工程师被派往 EDF 工作，共同推进核电项目的发展。最近，意大利工业界在 2022 年积极介入并解决了影响法国多台核电机组的应力腐蚀问题。2023 年，EDF、Edison 和 Ansaldo Nucleare 又签署了一份意向书，旨在通过合作在欧洲共同开发新型核电技术，并推动其广泛应用，以应对全球能源挑战。

从面临挑战看，意大利核电的重新崛起，标志着政治决策者们打破了长期以来一直小心规避核电的禁忌。但意大利在核能复兴之路上仍面临诸多挑战，包括提升公众对核能的接受度、解决融资问题、放射性废物管理、增强行业吸引力以及提升人员技能等。为了使核能行业重回正轨，意大利核技术研究大学联盟（Cirten）呼吁重新启动国家研发计划，并建立一个类似于法国核专业大学的系统，以加强该行业的吸引力和技能培养。意大利核协会（Italian Nuclear Association，AIN）也提出了促进对国际项目的参与度，以确保在 2030 年再次拥有核电站的竞争力。通过国际合作，意大利可以借鉴他国的成功经验，共同应对挑战，推动核能行业的持续进步。

第三章　美国能源转型及核电发展政策演变

一、核电是美国能源电力的重要组成部分

美国是世界上最大的核电生产国，核电发电量稳居全球首位，占全球核电发电量的 30% 以上。根据世界核协会统计，截至 2024 年 11 月，美国有 94 座可运行的反应堆，装机容量 9695.2 万千瓦，排在世界第一位，核电发电量占全美发电量的 19% 左右（见图 3–1）。据《世界能源统计年鉴 2023》数据，2022 年美国核能发电量为 8121.44 亿千瓦时，占全球核电发电量总量的 30.3%。

图 3–1　美国 2024 年核电现状

参考来源：世界核协会、国际原子能机构，https://world–nuclear.org/nuclear–reactor–database/summary/United%20States%20Of%20America?

根据美国能源信息署的统计数据，2022 年美国一次能源消费量比 2021 年增长 3%。其中，有 79% 的能源消耗来自石油、天然气和煤炭等化石能源，21% 的能源消耗来自可再生能源和核能等非化石能源。2022 年，美国煤炭消费量降至 60 年来的第二低水平。自 2005 年达到峰值以来，美

国煤炭消费量下降了一半以上。电力行业煤炭消费量的减少是推动美国煤炭消费量减少的主要因素。受风能和太阳能消费增长的推动，美国 2022 年的可再生能源消费量同比增长 9%，其中风能仍是美国最大的可再生能源来源。受帕利塞德核电站于 2022 年 5 月提前关闭的影响，2022 年美国核能消费量同比下降 1.3%。美国能源消费和占比变化情况分别如图 3–2、图 3–3 所示。

美国电力工业发展时间早、速度快，目前美国电力消费相对平稳，用电量达到峰值平台，需求基本饱和。2022 年，美国公用事业规模的发电企业，生产了约 4.24 万亿千瓦时的电力。与 2021 年相比，天然气发电占比由 37% 增加到 40%；可再生能源发电占比由 19% 增加到 22%，其中风能和太阳能发电占 14%，其他可再生能源发电占 8%；煤炭发电占比由 23% 减少到 20%；核能发电占比由 20% 减少到 18%，是美国第四大发电的能源来源。美国的可再生能源发电量继 2021 年首次超越核能发电后，于

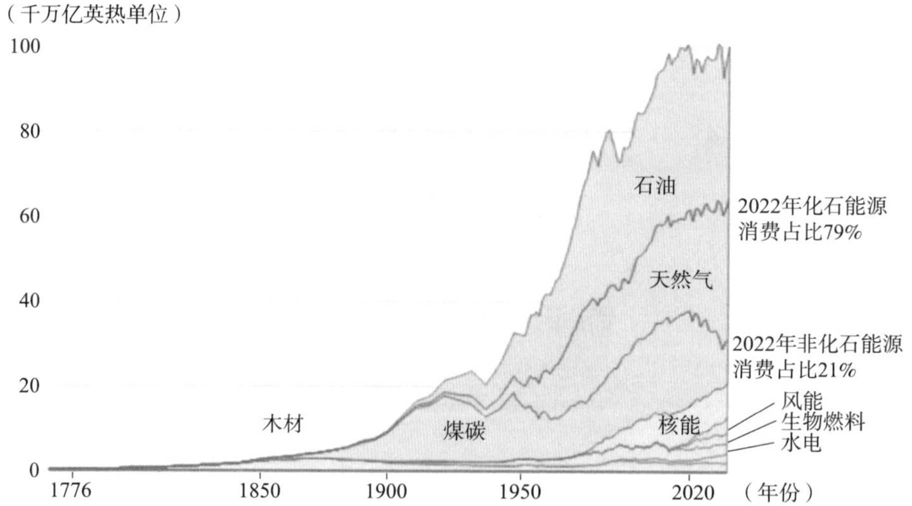

图 3–2　美国能源消费变化情况

数据来源：Wind 数据库

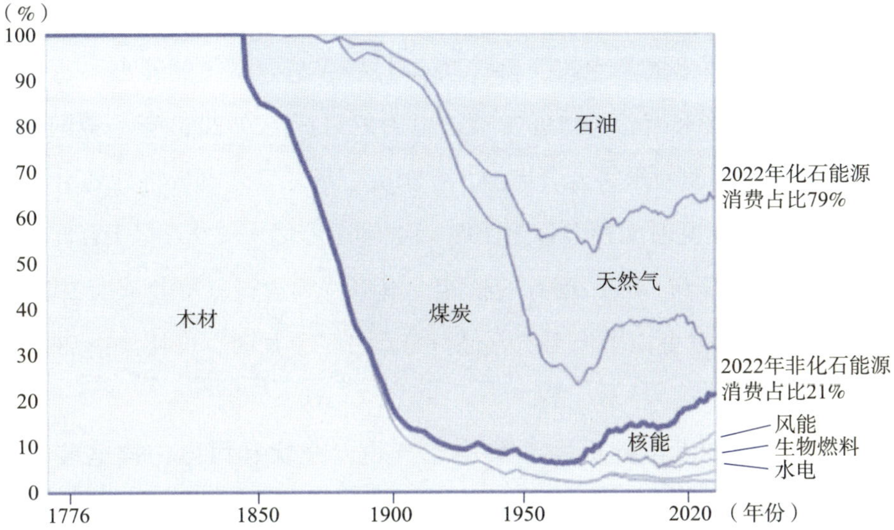

图 3–3　美国能源消费占比变化情况

数据来源：Wind 数据库

2022 年也超过了煤炭发电量，意味着可再生能源已成为美国第二大发电来源（见图 3–4）。

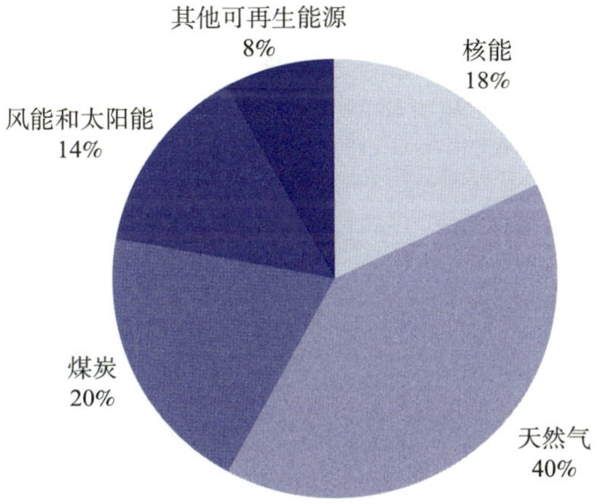

图 3–4　美国 2022 年电力结构

数据来源：国际能源署、英国石油公司

电力部门的温室气体排放量约占美国碳排放总量的 1/4，近年来，美国的电力部门一直在快速脱碳，可再生能源的使用显著增加。由于近年来太阳能和风能技术成本急剧下降，美国向清洁电力系统的转型一直在加速，并制定了2035年实现100%清洁电力的目标。到2050年，美国电力部门可再生能源的使用将显著增加，太阳能、风能等发电量将计划由2020年的1.72万亿千瓦时大幅增长至2050年的4.1万亿～7.5万亿千瓦时，占比将由21%提升到64%；现有的核能发电仍持续运行，发电量由2020年的0.8万亿千瓦时小幅增长至1万亿～1.5万亿千瓦时，占比将由20%降至14%。

美国新增的发电能力主要集中于气电、光伏和风电，核电装机规模基本稳定，新增装机较少，但一直发挥着重要作用。目前几乎所有的美国核电都来自1967年至1990年间建造的反应堆，自1990年以来，美国只有三座核电站投入运行，其中田纳西州的瓦茨巴1号和2号核电站于1996年投产，博格尔3号机组于2016年投产。核电设施老化、项目推进困难、核废料处理问题等都严重阻碍了美国核电复兴进程。

2022年8月，位于美国佐治亚州的沃格特勒核电站3号机组正式并网发电。这是美国30多年来新建的第一座核电机组，也是7年来首个并网发电的核电机组。沃格特勒核电站3号机组采用西屋公司AP1000型反应堆，装机容量为111万千瓦，可为佐治亚州以及邻近的佛罗里达州和亚拉巴马州约50万户家庭和企业供电。2023年3月，因放射性水泄漏事件，明尼苏达州的蒙蒂塞洛核电站被关停。2024年4月，美国沃格特勒4号机组实现商运，标志着沃格特勒核电项目全部完工，将为美国未来60年至80年提供稳定的无排放能源。

受1979年发生的三哩岛核事故的影响，公众加剧了对核能安全的担忧。如今投资者的注意力已转向安全且经济的小型模块化反应堆（SMR）等新一代核电站。随着联邦政府向核电投入了数百亿美元，美国核电产业开始逐渐复苏。

二、核电是美国气候能源政策的重要内容

核电作为清洁能源的一部分，是美国历年来气候能源政策的重要组成内容。为应对 1973 年第四次中东战争引爆的全球石油危机，美国正式提出“能源独立”战略，追求能源独立成为此后几十年美国能源政策的核心目标。为了实现“能源独立”，历届美国政府都采取了放松政策管制、发力基础设施建设、完善国家能源技术创新体系、发展可再生能源等多方面措施。在此背景下，相关政策陆续出台，以推动包含核电在内的清洁能源发展，减少对化石燃料的依赖。

尼克松政府积极支持核电的发展，鼓励核电站的建设，注重核电站的环境和安全标准。尼克松政府制定了一系列法律来推动核电的发展。尼克松签署了《清洁空气法》和《清洁水法》，其中规定了核电站的环境标准。同时着重于建立和执行核电站的环保和安全标准，以确保核电设施的安全性和环保性。此外，尼克松政府创建了美国环境保护局（EPA），负责监督环保法规的实施，其中也包括对核电站的监管。

布什政府侧重于对核电提供财政支持，以促进核电的增长，并将其作为清洁能源的一部分。自“能源独立”战略提出以来，美国实施页岩油气革命和大力发展可再生能源技术，能源供给能力大幅增加。布什政府支持清洁能源发展，鼓励减少温室气体排放。核电被认为是一种低碳能源，有助于减少对化石燃料的依赖。2005 年签署的《能源政策法案》，鼓励核电站的现代化和建设，并提供了一些财政激励，以改善和维护现有的核电站，促进新的核电项目，并提高核能的竞争力，支持核电的发展和研究。

奥巴马政府的核电政策重点是促进清洁能源的发展。奥巴马政府时期积极推行新能源安全战略，严格控制碳排放量。2009 年 6 月，众议院通

过的《清洁能源计划》要求逐步提高来自太阳能、风能、核能等清洁能源的电力供应。该项法案意图通过降低温室气体的排放，促进清洁能源的发展来减少美国对传统能源的依赖。同年，奥巴马政府宣布了2020年温室气体排放总量比2005年降低17%的减排目标，这一目标在2013年美国政府发布的《总统气候行动计划》中被再次重申。在此背景下，核电作为清洁能源的一部分也获得了政府支持。财政方面，政府提供贷款担保和税收优惠以帮助维护和改进现有核电站。此外，奥巴马政府试图解决核废料管理问题，尤其是有关核废料储存设施的问题，以确保安全的废料处理和储存，并坚持加强环保和核电站安全标准，以确保核电设施的安全运营。

特朗普政府实施了更加积极的核能产业政策。特朗普政府时期，美国正式实现“能源独立”，其能源政策重心也从过去以追求能源独立为主，转变为协同推进国内能源独立和谋求主导全球能源市场的阶段。美国的能源与气候政策也进行了明显的调整，其中包括：重振传统化石能源与核能；强化“能源独立”、扩大能源出口；降低对新能源的支持力度等。同时宣布退出《巴黎协定》，废除刺激新能源发展的《总统气候行动计划》与《清洁能源计划》。

在核能产业政策方面，特朗普政府的政策更加积极。为重振美国核能供应链、加强技术转移管控，特朗普政府审查并解禁了奥巴马政府对核能开发的部分限制措施，并公布了促进美国核能发展的新计划，强调要大规模开发利用核能。特朗普政府在《美国优先能源政策》中表明，核能是美国清洁能源的重要组成部分，“恢复、扩大和重振核能部门”是美国长期能源政策中的首要措施。为达成这一战略，美国陆续出台了《核能创新与现代化法案》《先进核能技术法案》《美中民用核能合作政策框架》《先进堆开发与部署愿景和战略》等一系列政策文件，其目的在于确保美国国家安全，并维护其在全球核技术领域的能力与优势。

在产业链及核安全领域，特朗普政府提出要加速先进堆开发和部署等六大具体战略目标。一是加强发展核技术创新的基础设施，大幅提高私营部门使用能源部资源的开放程度；二是研究先进堆的性能和退役的技术风险；三是支持开发先进堆燃料循环；四是为先进堆确立高效、可靠的监管框架；五是鼓励探索私营部门投资效益的最大化及激励政策，以助于加速先进堆的商业部署；六是解决人力资源和劳动力发展需求。

美国还在国家安全层面确立了核能为可靠且可获得的能源资源，并将其列为优先改进技术。《美国国家安全战略》报告提出的进一步改进能源技术中就包括核技术、下一代核反应堆等。财政补贴方面，美国能源部还提出了向核电厂提供大规模补贴的计划，进一步刺激了美国核能的发展。总体而言，特朗普政府时期，美国强力推动化石能源复兴，扭转了奥巴马政府对核能开发的保守态度，并大幅降低对新能源的支持力度，废除了以减排为核心的气候政策。

拜登政府执政后，再次高度重视能源问题和气候变化问题。拜登政府改变了特朗普时期重振化石能源的政策，重启奥巴马时期的环境立法。2021 年 1 月，拜登在正式就职当天即宣布美国重返《巴黎协定》，在同年 4 月“领导人气候峰会”上明确了 2050 年前实现碳中和目标，并提出了温室气体 2030 年排放量在 2005 年基础上削减 50%～52% 的自主贡献目标以及 2035 年建成零碳电力系统的宏大目标。

2021 年 11 月，美国国务院与白宫总统办公室联合发布了《美国长期战略：2050 年实现净零温室气体排放的路径》，该战略阐述了美国实现 2050 年净零排放的中长期目标和技术路径，指明了实现目标的三大时间节点、四大战略支柱和五大关键领域。美国碳排放在 2005 年前后已经达峰，根据该战略，实现碳中和路线图的三个时间节点分别是：① 2030 年：温室气体排放比 2005 年降低 50% ～ 52%；② 2035 年：实现 100% 零碳电力目标；③ 2050 年：实现整个社会经济系统的净零排放，实现碳中和。能源系统是美国实现2050年净零排放的关键，在过去的十几年里，美国煤炭持续被天然气、可再生能源等替代，占比下降了约10个百分点，未来美国也将加速向清洁低碳能源转型。在碳中和背景下，核电被视为一种低碳能源得到政府支持。拜登政府支持核电站的现代化和扩建，以减少温室气体排放并提高能源产业的可持续性。总体而言，拜登政府强调新能源在美国能源转型中的作用，在兼顾传统能源基础上以清洁能源为抓手，通过巨额投资实现产业升级、培育新能源行业来重振美国经济。

拜登政府时期制定了一系列核能发展计划与激励政策。为重振核工业，美国继续推进核供应链发展，与其他国家建立核电同盟伙伴关系。2021年，美国政府出台了《两党基础设施法案》。法案中提到，为提升国内在运核电机组营利性，政府将为美国民用核电信贷计划提供60亿美元资金，以支持国内核电站运行及新建。随后，美国能源部又启动了一项投资95亿美元的清洁氢技术计划，包括利用核电生产清洁氢。美国能源部对外宣称，核电厂对于实现美国的气候目标至关重要，能源部致力于保持100%的零碳电力供应，防止过早关闭核电厂。

2022年8月，拜登签署了美国《通胀削减法案》（*Inflation Reduction Act of* 2022，IRA），投资3690亿美元用于新能源与碳排放产业的财税激励，来应对气候变化和保障能源安全。总体而言，IRA能源政策条款主要通过加大能源安全和气候变化的投资，降低消费者的清洁能源成本，推动制造业用能向清洁能源转变等方式实现经济去碳化，以维护国家的整体能源安全。

《通胀削减法案》的重点一是建立美国清洁能源供应链，鼓励美国国内生产太阳能、风能、碳捕获和氢能等清洁能源技术产品。二是强调“美国制造”，首次确立清洁能源生产“美国制造”条款，加大国内生产风能、太阳能、核能、氢能等清洁能源产品税收抵免的优惠力度，为此将支出约300亿美元。三是改造现有清洁能源汽车的制造设施，确保新能源汽车制造业的工作岗位留在美国，为此将投资 20 亿美元；同时为清洁汽车制造设施提供最高 200 亿美元的贷款，并为国家实验室加速突破性能源研发拨款 20 亿美元。

根据《通胀削减法案》，在核能方面，未来拜登政府将采取多项措施支持核能发展，其中包括：①对核电生产实行税收抵免。对于可能即将退役的现有核电站，提供每兆瓦时 15 美元的电力抵免，若电价上涨，可能会增加到每兆瓦时 25 美元；对于新投资核电站，实行 30% 的投资税收减免。②拨款 7 亿美元用于先进核燃料供应计划，以使先进反应堆能够获得高测定、低浓缩的铀。③为能源部核能办公室提供 1.5 亿美元用于基础设施建设和一般工厂项目。④为美国能源部科学办公室提供 2.17 亿美元用于核物理学建设。IRA 保障国内能源安全的主要政策条款如表 3–1 所示。

表 3–1 IRA 保障国内能源安全的主要政策条款

法案目的	政策	适用范围
保障能源安全和国内制造业	清洁氢生产税收抵免	氢能源
	新型先进制造业税收抵免	太阳能组件、风力涡轮机、海上风力组件等
	核电生产税收抵免	核电
	可再生能源生产税收抵免	地热、风能、填埋气体、水动力设施等
	清洁电力生产税收抵免	清洁电力技术
	延长能源投资税收抵免	微电网、动态玻璃、太阳能设备、地热设备等

资料来源：作者整理

俄乌冲突之后美国强化了对核电产业的重视。一方面，美国政府通过《两党基础设施法案》与《通胀削减法案》加强了对核电产业的支持；另一方面，美国把核电作为清洁能源制造产业的重要组成部分，在核电大发展的背景下，未来美国仍会继续维护其在全球核技术领域的能力与优势，维持核电的领先地位，强化核电产业对其他国家的影响力。受到能源政策、经济因素和环境问题等多种因素的影响，美国核电政策的重点在不同政府时期有所不同，但核电一直被视为能源组合中重要的一部分，以满足能源需求和气候目标。

2024 年以来，拜登政府陆续发布一系列推进核工业建设的政策。其中包括：提供资金支持现有核电站延长服役、推动新型核电站部署、简化新核电站报批建设和既有核电站扩容的许可流程，以及推进浓缩铀等供应链的发展。当前，美国政府正全方位鼓励核能投资，美国即将掀起一轮核能投资热潮。资金支持方面，拜登签署了一项国会拨款计划，提供 8 亿美元资助最多两个第三代 SMR（小型模块化反应堆）示范项目；出口方面，美国进出口银行（Export–Import Bank，EXIM Bank）和美国国务院推出相应的金融工具以支持 SMR 部署，同时助力美国出口商在全球 SMR 市场上的竞争；审批方面，美国核管制委员会也将继续改革其许可、审批、环境审查等流程，为建造新反应堆、扩大现有反应堆容量等创造便利条件。2024 年 6 月中旬，美国国会参议院已通过《加速部署多功能先进核能以促进清洁能源法案》（Accelerating Deployment of Versatile，Advanced Nuclear for Clean Energy Act，ADVANCE Act），旨在激励和支持新型先进核技术的开发和部署。

美国两党对核能发展均保持积极态度。2023 年底，在第二十八届联合国气候变化大会（COP28）上，美国联合二十多个国家做出放弃使用化石燃料的共同承诺，并在 2050 年将全球核能装机容量较 2020 年增加两倍。回顾近年美国能源政策，近两届政府均出台了利好的核能政策法案。共和党重点关注传统能源，对核能发展持积极态度，特朗普政府也将核能视为国家的重要发展战略，并致力于在国际上保持核能领先地位。民主党重点关注气候问题和可再生能源，支持包括核能在内的所有零碳技术。拜登政府将核能视为实现气候目标的重要手段，并陆续出台相应支持政策。此外，美国民众对核能发展的支持力度也不断提高，美国核学会 2023 年 6 月公布的统计数据显示，美国超 75% 的民众支持核能发展，约 70% 的民众支持在国内新建更多核电厂。推动核能技术发展、提升本国核工业实力、强化核能技术出口已成为美国未来能源发展大趋势，核能发展进入机遇期和加速期。

三、美国核电出口从欧美向更广泛发展中国家辐射

近年来，美国政府制定了一系列核能发展激励政策来大力推动核电出口。为加强国际核电行业的影响力与竞争力，美国政府陆续制定各类鼓励核电出口的利好政策，其中包括资金支持、积极推动先进反应堆研发及部署、强化核能供应链、与其他主要核电国家密切合作等多种方式。与此同时，美国借助政府高层外交积极推动核电技术出口，核能领域合作也因此成为其高访的常见议题之一。为加强核技术出口的融资吸引力，美国在2020年正式取消了国际开发金融公司（DFC）对海外核能项目的拨款禁令，这一举措为美国获取海外订单提供了强有力的融资支持。

美国核电出口市场以欧美为主，并逐渐向东南亚、非洲等市场延伸。业务方向涉及大堆、先进堆、核燃料等多个领域，并通过不断完善本国的核能供应链来逐步提高其在核能领域的竞争力。近年来，美国持续深化与盟友核能合作，积极开展核能外交，开拓欧洲、亚洲核能市场并取得波兰、乌克兰等国的核电订单。此外，美国政府大力推进与菲律宾的核能合作，并以此为契机开拓东南亚地区的核能新兴市场。2023年11月，美国和菲律宾正式签署民用核合作协议，为美国向菲律宾出口核技术、材料等提供法律依据。

美国不断加强与部分主要核能发展国家在核电领域的合作。与韩国在核电建设、退役、核设备、核技术应用、核燃料、联合出口第三国等领域开展合作；与加拿大、英国、日本等国在小堆部署方面的合作愈加密切，利益捆绑愈加紧密，合作领域包括投资、设计审查、联合研发、设备制造等方面；与西班牙就联合生产VVER-400反应堆燃料开展合作，旨在共同

为欧洲 14 台同类型机组供应燃料。此外，美国也与加拿大、英国、法国加强铀转化等核燃料领域合作，以降低对俄罗斯核燃料的依赖。

在大堆领域，美国加快了 AP1000 核电技术在欧洲市场拓展的步伐。2022 年 11 月，美国和波兰两国政府宣布建立战略伙伴关系，双方将在核电站建设、运营和退役方面开展合作，美国西屋公司（Westinghouse）将帮助波兰在波美拉尼亚省卢比亚托沃—科帕利诺（Lubiatowo-Kopalino）建设 3 台 AP1000 核电机组。除波兰外，西屋公司又先后与捷克和乌克兰签署大堆领域的合作协议。

美国不断加强在先进堆领域与多个国家的合作。目前，美国与罗马尼亚、波兰、捷克、乌克兰、拉脱维亚、爱沙尼亚、亚美尼亚、加纳、南非、肯尼亚、哈萨克斯坦、菲律宾、印尼、泰国等国签署不同程度的核电合作协议，内容以 Nuscale 小堆、BWRX-300、SMR-160、熔盐堆等堆型合作为主，海外部署足迹遍及欧洲、中东欧、非洲、东南亚、拉美等地区。此外，美国已与乌克兰、保加利亚、捷克、立陶宛、芬兰等国家开展核燃料及退役领域合作。

美国致力于重塑联盟伙伴关系，并试图通过地缘政治影响力来增强在国际核电领域的话语权。对于固有的同盟国，美国积极拓展市场，加强与韩国核能合作，共同开发第三国核电市场，并与欧洲多国签署核能领域合作协议。对于新兴市场，美国不断加大对核电新兴市场的资金和技术研发支持力度，制订多种核电领域合作计划，试图将非洲、东南亚、东欧、南美等地区市场国拉入自身阵营，形成以美国核电技术为核心的联合发展圈。为此，美国提出了“负责任地使用小型模块化反应堆技术的基础设施项目计划”（FIRST），并积极向各核电新兴市场国进行宣传。目前，爱沙尼亚、加纳、日本、哈萨克斯坦、拉脱维亚、菲律宾、韩国、罗马尼亚、乌克兰等国均与美国发布联合声明表示将加入美国 FIRST 计划。

第四章　日本和韩国能源转型及核电发展政策演变

一、日本能源及核电发展政策动态

（一）福岛核事故后日本明确将放弃核电

日本在石油危机后积极发展核电以保障能源安全，福岛核事故后决定“放弃核电”。日本为岛屿国家，国内资源匮乏，但日本是世界能源消费大国，其90%以上的能源需求只能依赖进口能源满足，主要进口能源包括石油、天然气和煤炭等。两次石油危机之后，日本积极推动能源多元化，加快新能源、核电设施的建设与应用，以提高国家能源安全水平。自此，核能在日本能源消费结构中的占比不断提升，并在1998年达到15.22%，是目前最高水平。2011年3月11日，日本东北部海域发生9级地震并引发海啸，受地震影响，福岛第一核电站的外部电力供应中断，造成电站冷却系统失效，最终引发氢气爆炸和核泄漏。事故发生后，日本采取了一系列应对措施，其中一个选项就是放弃核电。7月13日，时任首相菅直人提出“建立无核电社会”的目标。后任首相野田佳彦领导制定了日本新能源及环境战略，明确到2030年日本对核电的依赖度降至零。

福岛核事故发生后，日本国内全部54座核反应堆陆续进入检修状态。核能在日本能源结构中的占比大幅下降，从2010年的13.18%最高占比快速降至 2012 年的 0.85%，在电力结构中占比 1/4 的核电骤然退出，导致日本社会严重的用电紧张。一方面，东京电力、东北电力开始用高度依赖进口的煤炭、石油、天然气等化石燃料发电，加大能源安全风险，同时也导致日本难以达成《京都议定书》相应碳减排目标；另一方面，日本所有电力公司使用昂贵的进口化石燃料发电，承受巨额亏损。企业被强制限电，提高经营成本。部分高耗电制造业转移海外，影响日本经济。除此之外，日本民众强烈抗议核电，2012 年“反核国会大包围”抗议活动人数达到 14000 人，成为日本《日美安保条约》游行后最大规模的示威游行。上述因素导致日本核电政策摇摆不定。2023 年，核能在能源结构中占比仅为 3.99%，核电在电力结构中占比也仅有 7.64%，远低于煤电、天然气发电和可再生能源发电水平。当前，日本的能源结构仍由以石油为首的化石能源主导，这也决定了其电力结构也由化石能源主导，日本在能源低碳转型方面依旧面临较大压力。日本 1985—2023 年电力结构变化情况如图 4–1 所示。

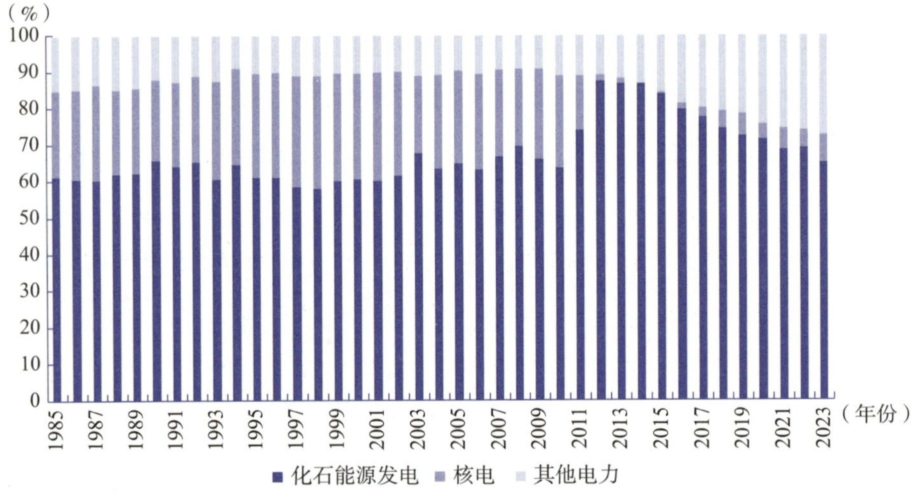

图 4–1　日本 1985—2023 年电力结构变化情况

数据来源：Energy Institute Statistical Review of World Energy

日本 2023 年能源消费结构如图 4–2 所示。

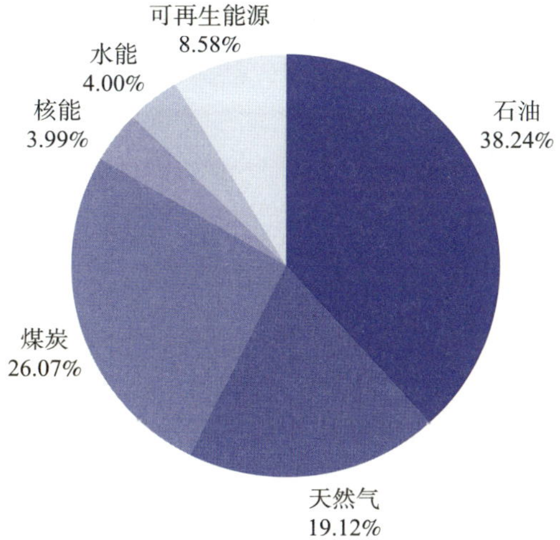

图 4-2　日本 2023 年能源消费结构

数据来源：Energy Institute Statistical Review of World Energy

（二）碳中和目标提出后核电政策开始出现转向

日本提出碳中和目标后，也配套制定了较高的核电发展目标，但核电相关限制措施仍未放松，日本在核电安全与低碳发展中处两难境地。2020 年以来，全球各个国家和地区为应对气候变化相继设定碳中和目标。2020 年 10 月 26 日，时任日本首相菅义伟宣布，日本将在 2050 年实现温室气体零排放，完全实现“碳中和”。日本 2021 年 10 月通过的第六版《能源基本计划》，提出到 2030 年可再生能源发电占比达到总发电量的 36% ~ 38%，核能占比达到 20% ~ 22% 的目标；该计划首次提出“最优先”发展可再生能源的能源方针，虽然也制定了较高的核电发展目标，但并未提出解除相关安全限制措施。在经历了东京电力公司运营的福岛第一核电站事故后，日本政府一直把核电安全放在首位，主张在扩大可再生能源的同时，尽量减少对核电的依赖，此后日本核电利用率长期保持在低水平，尽管此版计划设定较高核电发展目标，但核电站重启仍面临重重困难，日本对核电发展仍保持谨慎态度。日本电力结构调整目标如图 4-3 所示。

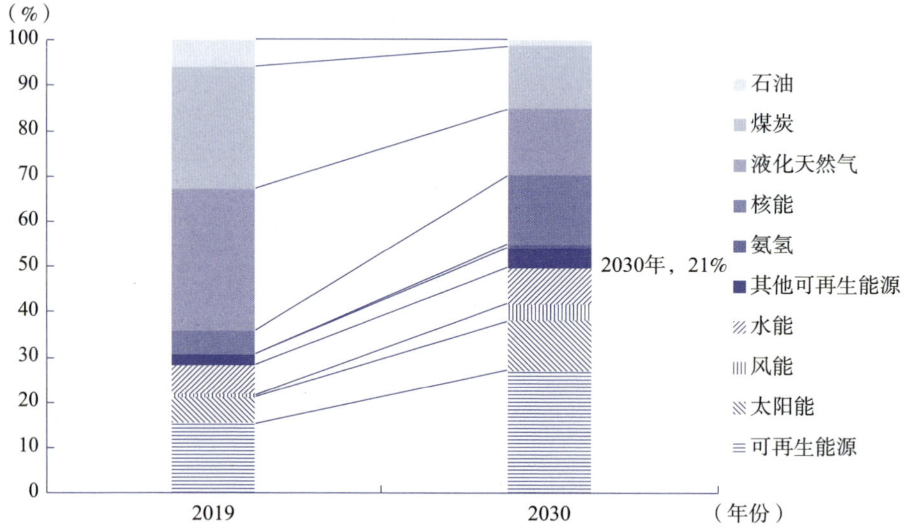

图 4-3　日本电力结构调整目标

数据来源：日本经济产业省，第六版《能源基本计划》

（三）2020 年以来能源安全问题进一步加快日本重启核电

为中长期实现能源安全及顺应全球低碳发展，日本政府确定积极发展核能的政策方向。自俄乌冲突爆发以来，全球液化天然气供需紧张，价格上涨。受此形势影响，日本面临自石油危机以来最严重的能源危机。2022 年底，日本天然气进口价格与 2020 年 1 月相比上涨了约 2 倍，电价也在短期内快速飙升，对日本的生产经营与居民生活带来了巨大压力。短期内，日本政府放缓能源价格上涨并提供相关民生补贴，推动火电站及私营发电站等增产的措施，以尽快缓解民生压力。中长期内，为实现能源稳定供应，努力达到日本制定的 2050 年实现碳中和、2030 年碳排放实现在 2013 年基础上削减 46% 的目标，顺应全球低碳化发展，日本政府确定积极发展核能的政策和方向。2022 年 8 月，日本时任首相岸田文雄在绿色转型执行会议中要求重新研究核电政策，提出了核电重启全国总动员、延长核电机组运行期限、开发和建设新一代创新反应堆、加快核废物处理进程等议题。

（四）日本颁布综合能源政策突出了核电作用

《实现绿色转型（GX）的基本方针》在核电发展目标、核电站服役时间、更新建设和投资等方面提出支持政策。2023 年 2 月推出《实现绿色转型（GX）的基本方针》：第一，重提了日本政府 2021 年发布的第六版《能源基本计划》目标——到 2030 年可再生能源与核能发电占比分别达到总发电量的 36%~38% 和 20%~22%；第二，保留了福岛核事故后“原则上 40 年，最长 60 年”的核电站服役期限规定，但同时允许在严格安全审查的前提下，核电站停运接受审查的时间可以从中扣除，这实际上使核电站服役超过 60 年成为可能；第三，提出致力于研发和建设采用新安全机制的新一代核反应堆，但仅限于替代已决定报废的原有反应堆；第四，计划今后 10 年发行 20 万亿日元新国债以支持企业的脱碳投资。此外，配套《实现绿色转型（GX）基本方针》形成的《促进向低碳化增长型经济结构转型的战略》要求：一是在确保能源供应稳定的前提下努力实现去碳化，从全面节能、可再生能源电力、核能利用方面细化部署工作；二是实现和实施“以增长为导向的碳定价概念”。

专栏 4-1

《促进向低碳化增长型经济结构转型的战略》主要内容

1. 在确保能源供应稳定的前提下努力实现去碳化

（1）促进全面节能。

①增加对中小企业提高能效和节能的支持，包括为多年投资计划设立能效补助金。

②相关部委和机构已联手加强对节能住房的支持，包括改装节能隔热窗。

③根据修订后的《节约能源法》，政府对5个主要行业（钢铁业、化学工业、水泥制造业、造纸业、汽车制造业）制定了非化石能源转换的指南，进一步推进节约能源。

（2）让可再生能源成为主要电力来源。

①根据全国范围的总体规划，在未来10年内，以过去10年8倍以上的规模加快发展电网，以2030年为目标整备来自北海道的海底直流输电。

②将制定“日本中央方法”来扩大海上风力发电的引入，并将根据新的公开申请规则进行公开征集。

③与当地社区和谐共处，引进可再生能源，部署新一代太阳能电池（钙钛矿）和浮动式海上风力发电。

（3）核能利用。

①在确保安全的基本前提下，在决定退役的核电站原址上重建下一代创新反应堆；其他开发和建设将根据各地区的重启情况和取得谅解的进展等未来情况进行讨论。

②在严格安全审查的基础上，设定40年加20年的运行周期限制，只允许在一定的关停期内额外延长。

③其他措施还包括促进核燃料循环，建立意见交流机制，为稳步、高效地实现退役提供资金保障，促进公众理解并积极鼓励地方当局和其他方面在实现最终处置方面发挥国家主导作用。

（4）其他重要事项。

①为构建氢、氨生产和供应网引入支持系统，重点关注与现有燃料的价格差异；在国家战略的指导下进行全面的制度设计，以实现在氢能领域引领世界潮流。

②为确保电力市场的供应安全，将稳定运行容量市场，同时引入储备电力系统和长期非碳化电力供应拍卖，鼓励有计划的非碳化电力供应投资。

③考虑到萨哈林 1 号、2 号等国际项目在能源安全保障上的重要性，目前仍保留特许权。

④考虑到 LNG 市场的不确定性不断增加，将构建战略性确保剩余 LNG 的机制，并支持甲烷水合物等技术开发。

⑤此外，还将在以下领域促进 GX 的研发、资本投资和需求创造等举措：碳循环燃料（SAF、合成燃料等）、蓄电池、资源循环、新一代汽车、新一代飞机、零排放船舶、以脱碳为目的的数字投资、住宅、建筑物、港口等基础设施、粮食、农林水产业、地区、生活等。

2. 实现和实施“以增长为导向的碳定价概念”

（1）通过使用“GX 经济转型债券”和其他工具提供大胆的前期投资支持。

（2）通过以增长为导向的碳定价（CP）激励 GX 投资，以及使用新的金融工具实现 GX。

（3）充分运用新的金融手法，通过官方与民间协调，在今后 10 年内实现超过 150 兆日元的 GX 投资。

（4）在国际、社会、中坚企业和中小企业中推进以下措施。

国际：促进绿色产业市场的形成，主导国际创新协作；实现“亚洲零排放社区”（AZEC）构想。

对社会 GX 转型的推进：促进劳动力向增长型产业流动；推动低碳化生活的普及。

对中坚企业·中小企业 GX 转型的推进：推进全产业链的低碳化。

资料来源：日本经济产业省。

《未来核政策方向与行动指南（草案）》要求集各方力量推进核能重启，在保证安全的前提下提高利用率、实现创新建设、构建安全完整可靠的国内外核供应链。2023 年 4 月 28 日，日本发布《未来核政策方向与行动指南（草案）》，该草案梳理了当前主要政策问题和应对方向：一是集各方力量推进核能重启运营，推进安全管理改革，加强相关部门、机构和组织之间在核电站安全方面的合作体系等。二是最大化利用现有核电厂，持续推进组织管理和精细化维护管理，确保安全的前提下提高核电设施的利用率。三是开发并建设具有新安全机制的下一代创新核反应堆，通过创新技术提高核电站安全性；政府对示范核反应堆项目给予资金支持，同时通过多样化融资等手段减轻财政负担，确保核能稳定供应；构建核能研发体系，并对下一代创新核反应堆定期评估，包括燃料供应和循环以及废物处理的全生命周期的审查；推进核聚变能创新战略，培育相关产业并加速研发；加强基础研发、基础设施建设和人才培养等。四是推进核燃料循环利用，建立核设施退役的全过程综合管理体系，推进以政府为主导的退役核电站的最终处置。五是构建国内核供应链，确保核电相关材料和服务完整，包括人才培养、材料供应、财税支持等；积极支持海外扩张。六是通过国际合作、构建国际供应链等方式促进核能研发，并支持和保障全球核安全。

截至 2023 年底，日本核电机组总共有 33 台，装机容量为 3167.9 万千瓦。福岛核事故后关停的 12 个核电机组现已批准重启，包括大饭（关西电力公司）、高滨（关西电力公司）、美滨（关西电力公司）、玄海（九州电力公司）、川内（九州电力公司）、伊方（四国电力公司）、高浜（关西电力公司）7 座核电站的共 12 台机组，装机容量为 1131.6 万千瓦，这些反应堆集中在西日本地区，均为“压水堆”。柏崎刈羽 6、7 号机组（东京电力公司）在按程序解除运行禁令后，已完成反应堆装填核燃料，即将重启运行。

（五）日本在全球层面积极展现核电雄心

日本加入《三倍核能宣言》，彰显日本积极发展核电的决心。在第二十八届联合国气候大会（COP28）上，22个国家达成了一项具有历史意义的声明——《三倍核能宣言》。该宣言核心内容包括：共同努力推进到2050年将全球核能容量增加两倍，达到目前容量三倍的目标，并邀请国际金融机构鼓励将核能纳入能源贷款政策。这是联合国气候大会历史上，首次有发展核能的联合宣言。COP28大会上，加入《三倍核能宣言》的国家包括G7中的美国、加拿大、英国、法国和日本，欧洲国家保加利亚、捷克、芬兰、匈牙利、摩尔多瓦、荷兰、波兰、罗马尼亚、斯洛伐克、斯洛文尼亚、瑞典和乌克兰，以及韩国、蒙古、摩洛哥、加纳和阿联酋。“三倍核能”目标意味着2050年装机容量达到11.76亿千瓦。日本加入如此雄心勃勃的宣言，证明日本今后将顺应全球通过核电实现近零排放的发展趋势，在核电领域前进步伐更加坚定。

在核燃料方面，加强与核电大国在核燃料供应链合作，保障核电站正常运行。2023年4月16日，在七国集团气候、能源及环境部长会议期间举行的核能论坛上，美国、法国、英国、加拿大和日本五个国家共同发布了关于核燃料供应链合作的声明，力图进一步减少对俄罗斯核燃料供应链的长期依赖。

日本在核能领域注重创新发展，通过国际合作推进开发新一代核反应堆。重点包括：①小型模块化反应堆（SMR）。日本文部科学省联合经济产业省在2019年4月提出“核能X创新促进”（Nuclear Energy X Innovation Promotion）倡议，在该倡议框架下将对民间企业进行核能技术创新支持。在面向2050年碳中和的绿色创新方面，日本政府表示将通过国际合作示范的小型模块化反应堆技术，在2030年前确立高温气体反应堆制氢相关技术。②核聚变反应堆。因核聚变所需的燃料来源广泛存在于海水中，对于日本而言将有望实现能源自主。日本一方面积极推进国际合作的 ITER 项目，另一方面出台了《核聚变能创新战略》，提出创立与支持本土的核聚变能产业，将核聚变能的发展提升到战略层面。日本核电技术研发与国际合作情况如表 4–1 所示。

表 4–1　日本核电技术研发与国际合作情况

技术名称	研发情况	国际合作情况
创新型轻水反应堆	创新型轻水反应堆最大的看点是增加了非能动安全系统设计，实际上就是在现有轻水反应堆基础上提高了安全性，产业链基础完善，可尽快投入开发使用，日本计划 2035 年左右开始投运	—
小堆	小堆是指 30 万千瓦以下小型模块化核反应堆。日本政府在第六个《能源基本计划》中明确表示，将推进模块化小堆技术研究、开发和示范的国际合作。主攻方向着眼于本国技术成熟的**小型轻水堆**。计划 2045 年前建设运营，但实际落地还有很大困难	日立 GE 基于沸水堆技术开发的“BWRX–300”，在 2030 年前将首先在加拿大投运
快堆	实现高放废弃物减量化，降低有害度，有效利用铀资源，提高核燃料循环利用的效果。2018 年 12 月，政府制定了三步走的快堆开发“战略路线图”。以**钠冷快堆**为主，在综合比较轻水快堆和熔盐快堆的基础上确定示范堆选型。2028 年之后开发建设示范堆，并计划于 2045 年开始运行	日本参与**法国**先进钠冷科技工业示范堆“Astrid”的快堆计划；2019 年参与**美国**的钠冷快堆多用途试验堆的研发；2020 年与法国合作共同开发一种罐式钠冷快堆；2023 年携手美国在怀俄明州计划建造一座发电功率为 34.5 万千瓦的快堆，并计划在 2028 年投运
高温气冷堆	具有供热、制氢等用途广泛的特点，可有效支撑日本氢能社会的国家战略。在国际市场竞争中，中国的球床反应堆比日本制造的块式反应堆尽管更有价格优势，但性能上还是**日本的技术更加领先**。日本示范堆计划在 2035 年左右投运	目前，日本正在与**英国、波兰、美国和其他国家**的高温气冷堆项目进行合作

续表

技术名称	研发情况	国际合作情况
核聚变堆	日本积极参与和引领国际热核聚变ITER项目，拥有第一台托卡马克装置及全球最大核聚变实验装置。根据计划，2025年同步开始进行约束和维持等离子体稳定性的实验，2035年同步开始进行氘氚燃烧实验，2050年日本将正式建设和运行核聚变原型堆	—

二、韩国能源及核电发展政策动态

（一）核电是韩国实现能源安全和碳中和的关键要素

韩国严重依赖化石燃料的能源结构亟待转型，法制化的“碳中和”目标要求韩国能源系统尽快实现低碳化，在此形势下韩国需要重点推动核电发展。韩国能源结构严重依赖化石燃料，2023年韩国煤炭、天然气和石油消费总量超过82%。然而韩国本土能源资源匮乏，是全球主要的化石能源进口国，在全球能源市场波动中，韩国能源安全面临较大的风险，能源转型迫在眉睫。此外，2020年12月韩国正式向全世界做出了到2050年实现碳中和目标的承诺。2021年8月31日，韩国国会通过了《碳中和与绿色增长法》，成为第14个将2050年碳中和远景目标法制化的国家，该法案要求政府到2030年实现较2018年减少40%温室气体排放，到2050年实现碳中和的目标。为实现碳中和目标并保证能源安全，发展核电是优先选择。韩国本土核电发展较好，可以支撑全国近1/3的电力需求，仅次于煤炭发电，高于天然气发电，甚至是可再生能源发电的4倍多。但在文在寅政府时期施行“去核电”政策后，韩国核电发展进入停滞状态。俄乌冲突爆发之后，恰逢“拥核”总统尹锡悦上台，韩国制定更高的核电发展目标，保证现有机组继续运转并新建更多机组，同时系统性推动韩国核电在全球的布局。韩国 2023 年能源消费结构如图 4-4 所示。

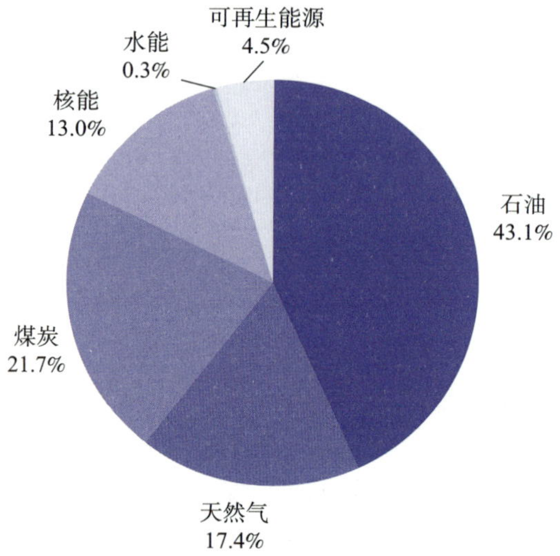

图 4-4　韩国 2023 年能源消费结构

数据来源：Energy Institute Statistical Review of World Energy

（二）20 世纪 60 年代起韩国核电产业快速发展

1959 年 7 月，韩国在美国帮助下正式开始建设核反应堆，此后一段时间，碍于核电站建设的高额费用，核电政策的推行遭受阻力，20 世纪 70 年代爆发的两次石油危机使核电站的建设重新提上日程，韩国积极寻求与其他国家的核能合作，与法国、加拿大签署核能合作发展相关协议。20 世纪 80 年代，韩国先后建立了古里核电站、韩光核电站、韩蔚核电站等，韩国核电产业得到迅速发展。从 1997 年开始，韩国政府每五年发布一次《原子能振兴综合计划》，确定韩国核能政策与发展目标，通过连贯的核能政策使韩国核能产业取得稳步发展。进入 21 世纪，李明博政府大力推行“绿色经济”战略，将发展核电视为绿色低碳能源和缓解气候变化的有力应对方案，加快了韩国核电产业走向世界的步伐。2009 年，韩国击败美国和法国，中标阿联酋200亿美元核电站建设订单，使韩国成为世界上第6个实现核电对外输出的国家。朴槿惠政府时期将“创造经济”作为施政核心，提出了大力支持核电产业进军海外的目标。

（三）核事故频发推动韩国施行“去核电”政策

文在寅政府执政时期（2017年5月至2022年5月），鉴于日本福岛核电站泄漏事故与韩国庆州地震所带来的安全威胁以及韩国核电厂事故频发，制定了“去核电”的政策，核心内容包括四个方面：**一是**全面研究讨论以往政府的核电政策，废除以核电为中心的电力发展政策，走向“去核电”时代；**二是**政府将取消建设新核电站计划，已建成核电站的设计寿命也将不会得到延长；**三是**政府将大幅加强核电站的安全标准；**四是**推行“去核电”政策的同时开启未来能源时代，即大力发展安全的清洁能源产业，包括可再生能源和天然气发电，使能源产业成为韩国新的增长动力。作为“去核电”政策的具体举措，文在寅政府于2017年6月永久关停了古里核电站1号机组，取消了新古里5、6号机组以后的核电站建设计划，同时不延长核电站的设计寿命。“去核电”政策实施后，韩国核电产业受到严重打击。根据韩国原子能产业协会发布的《2020原子能产业实态调查》，原子能产业领域的海外出口合同金额从2016年的1.2641亿美元锐减至2020年的3372万美元。与核电产业相关的核能产业销售额、核电站器材制造领域销售额、核电站建设施工领域销售额大幅减少。尽管2011年福岛核事故之后，韩国核电在电力结构中的比例已有一定程度的降低，但基本保持在30%左右，而文在寅政府执政的五年间，核电占比进一步降低，成为自韩国核电产业兴起以来占比最低的时期。韩国1985—2023年电力结构如图4–5所示。

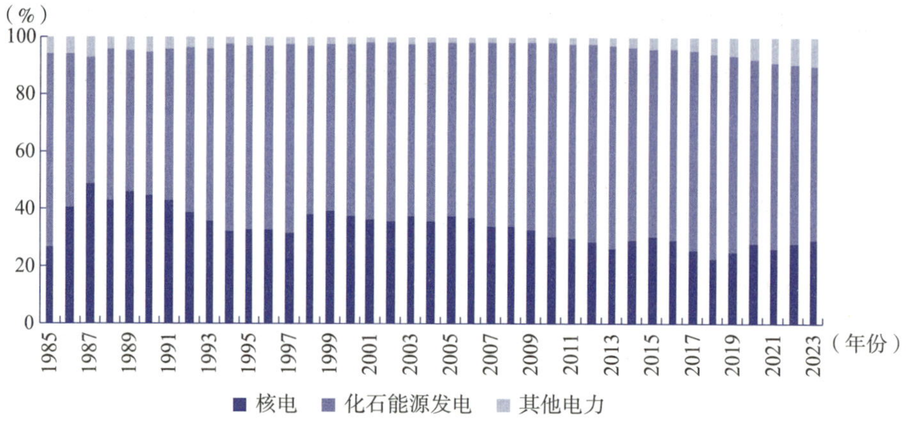

图 4–5 韩国 1985—2023 年电力结构

数据来源：Energy Institute Statistical Review of World Energy

（四）尹锡悦政府积极推动核电产业发展

2022 年 5 月，主张“拥核”的总统候选人尹锡悦上台。2022 年 2 月爆发的俄乌冲突导致韩国能源价格上涨，能源安全面临严重挑战。两项因素叠加，韩国自此开始积极推动核电产业发展。2022 年 7 月，韩国政府表示，到 2030 年核电占比至少要保持在 30%，恢复到文在寅上台前的占比水平，此外政府呼吁恢复 2 座核电机组，并寻求扩大核电行业出口，还准备投入 4000 亿韩元（约 3 亿美元）开发小型模块化核反应堆。2023 年 1 月 12 日，韩国产业通商资源部召开电力政策审议会议并敲定的《第十次电力供需基本计划》提出，2030 年核电发电量在韩国整体发电量中所占比重将升至 32.4%（见图 4–6）；2033 年启动 6 座新的核电机组，确保 12 座现有机组继续运行；2036 年核电比重较 2030 年将进一步提升 2.2 个百分点。为此，政府将确保现有核电站持续运转，修建新韩蔚核电站 3 号、4 号机组，争取到 2036 年代替 28 座老旧煤电机组。2024 年 2 月 22 日，韩国总统尹锡悦在庆尚南道政府大楼出席以“再次奔跑的核电工业、充满活力的昌原和庆南”为主题的第 14 次民生讨论会上指出，韩国将把 2024 年定位为“核能复兴年”，政府将提供 4.3 万亿韩元（约合 32.3 亿美元）的项目资金和特别融资，通过项目订单、税收优惠和研发投资等方式全方位支援韩国核电行业（见表 4–2）。

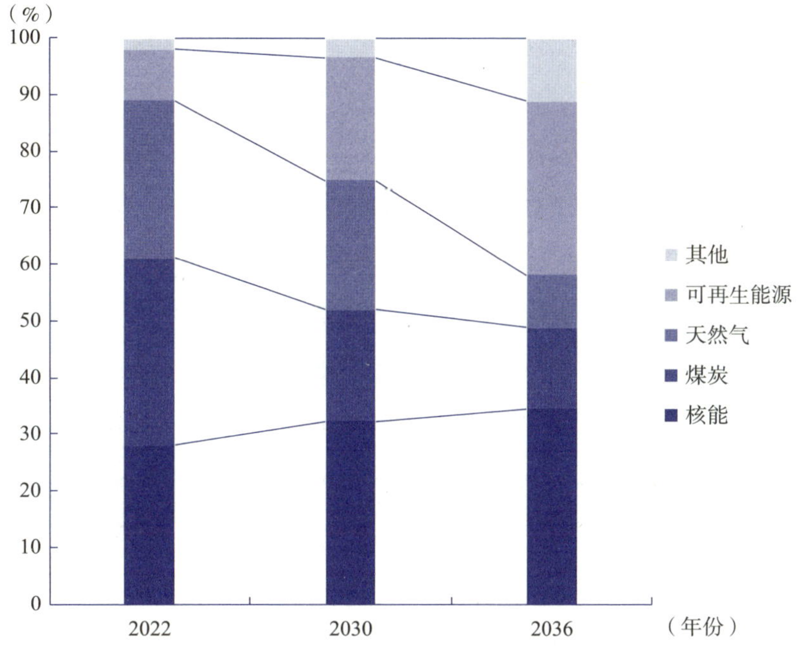

图 4–6　韩国核电发展目标

表 4–2　韩国 2024 年支援核电行业发展具体内容

支援方式	具体内容
项目订单	尹锡悦政府承诺将在 2024 年提供规模达 3.3 万亿韩元的项目订单，以及 1 万亿韩元的特别金融援助来促进核电工业的发展，额度较 2023 年提高了 10%，特别金融项目的资金规模则同比增加了一倍
税收优惠	将修改《税务特例限制法》，把以核电制造为目标的设备投资和研发列为税制优惠对象
研发投资	尹锡悦承诺在五年任期内为核电站研究开发投资 4 万亿韩元以上，重点投资小型先进模块化多用途反应堆（SMR）和第四代核电站等前沿技术

（五）韩国核电发展初现新面貌

发电水平方面，截至2023年底，韩国共有25座核反应堆，此外还有两个反应堆已停止使用，分别为2017年6月停止使用的古里核电站1号机组与2019年12月停止使用的月城核电站1号机组。2023年韩国总发电量为6200亿千瓦时，其中核电为1800亿千瓦时，同比增长2.5%，占发电量比重为29.2%，为2016年之后的最高值，核电发电量占总发电量的比重已恢复到文在寅政府“去核电”政策推行前的水平。**技术研发方面**，由于SMR能够通过标准模块化的形式在工厂制造，并在现场进行高效率的安装，韩国政府认为“SMR”反应堆极具世界竞争力，第二十八届联合国气候变化大会（COP28）期间，韩国水力原子力公司（KHNP）与印度尼西亚电力公司（PLN NP）的发电子公司Nusantara Power，以及约旦原子能委员会（JAEC）均签订了谅解备忘录，计划在两国建造SMR。在以SMR为中心迅速重组的全球核电站市场上，为了能让韩国核电站产业的发祥地庆南和昌原的核电站企业抢占市场，将KHNP开发和出口SMR堆型的支持预算同比增加9倍，力争于2028年完成开发。韩国政府计划将制定包括SMR在内的产业支援特别法，以及在2024年内制定完成《韩国2050中长期核电事业路线图》。

（六）韩国积极提升核电全球影响

在核燃料供应方面，为避免全球40%供应量来自俄罗斯的浓缩铀供应受到俄乌冲突影响，韩国水力原子力公司于2023年4月25日与美国核电公司Centrus签署了一份关于稳定供应核燃料的谅解备忘录（MOU）。在能源治理方面，2023年12月COP28会议上，韩国积极参与签署了《三倍核能宣言》，共同推动全球核电快速发展。在核电走出去方面，韩国从国家高层、政府和企业方面系统推动核电全球布局，核电走出去政策已卓有成效。国家高层方面，尹锡悦总统提出到2030年获得10台海外核电订单的计划，争取到2026年跻身全球五大核电出口强国之列，并使核电出口成为引领韩国出口的支柱，还将核电国际合作纳入国家领导人高访会谈议程。政府层面，成立核电出口战略推进委员会，全方位支持核电产业链出口。2022年8月，韩国产业通商资源部牵头成立由政府部门、企业界和金融机构等共同组成的“核电出口战略推进委员会”。委员会的职责包括：实施和评估韩国核电出口战略、制订和落实相关政策，以及全面支持韩国核电产业链出口。支持核电产业链出口措施包括根据各核电站承揽国家的条件和特点制定有针对性的出口战略，为韩国企业提供融资和海外推广方面的咨询服务等。为更好实现对核电产业链出口的支持，核电出口战略推进委员会将与韩国驻外使馆进行联动，强化与核电出口对象国的沟通，同时设立了核电出口信息和支持系统门户网站，为本国核电供应链相关企业提供信息。企业层面，韩国电力公社是核电技术对外出口的牵头企业，负责签订核电出口合同，协调国内技术研发企业、运营企业、燃料供应商、设备供货商、建造商推动核电技术出口。韩国电力公社及其子公司韩国水力原子力公司近年已与波兰、埃及、土耳其等国家不同程度地推进核电合作。韩国积极推动与美国技术开发并联合开发第三方国际市场，也推动与俄罗斯核电国际合作，联合开发的埃及首个核电项目现正按计划建设。韩国核电“走出去”取得诸多成果（见表4–3）。

表4–3　韩国核电“走出去”成果汇总

国家	合作成果
波兰	2022年10月，韩国产业通商资源部和波兰国有资产部在首尔签署关于核电开发计划的谅解备忘录，韩国核电运营开发主体——韩国水力原子力公司（KHNP）将与波兰国有电力公司（PGE）等共同合作推进波兰彭特努夫（Patnow）核电项目，据韩媒报道，该项目为波兰副总理亲自访韩促成的重大合作项目

续表

国家	合作成果
埃及	2022 年 8 月，韩国水力原子力公司成功获得埃及达巴核电项目分包合同，该项目由俄罗斯国家原子能公司负责建设四台 VVER–1200 大型核电机组，韩国企业将负责常规岛（汽轮机厂房）部分，合同金额达 22.5 亿美元（约 150 亿元人民币）。这是继阿联酋巴拉卡核电项目之后，**韩国时隔 13 年再次拿下海外核电大单，也是尹锡悦政府首次承揽的海外核电项目**
阿联酋	2023 年 1 月，尹锡悦访问阿联酋，成为首位对该国进行国事访问的韩国总统。他不仅高调访问巴拉卡核电站，还同阿联酋政府签署了在核电、能源、投资、国防四大核心产业进一步加强合作的协议，阿联酋作出了对韩国投资 300 亿美元的承诺
土耳其	2023 年 1 月，韩国正式向土耳其提交建设 4 台 APR–1400 机组的初步建议。土耳其计划大力发展核电，目前正在与俄罗斯合作建设首座核电站，后续核电项目已提上日程。韩国电力公社正与土耳其就承建规模 300 亿美元的核电站项目进行协商
菲律宾	2022 年 11 月，菲律宾新任总统小马科斯与尹锡悦会谈时，明确表示希望与韩国合作，启动长期停建的巴丹核电站

第五章　俄罗斯能源转型及核电发展政策演变

一、核电是俄罗斯能源重要发展方向

俄罗斯是传统核电强国，核电在其能源消费和电力消费结构中占据重要作用。截至 2023 年底，俄罗斯共有 37 座核反应堆，另有 5 座正在兴建，核电消费量约为 2.0 艾焦，占全国能源消费总量的 6.2%（见图 5–1），但核电发电量约为 2174 亿千瓦时，占全国发电总量约 18.5%，仅次于天然气发电量（见图 5–2）。俄罗斯是全球核电市场主要供应商，根据《2023 世界核能产业现状》报告公布的数据，截至 2023 年 6 月底，全球共有 58 座反应堆正在建设，其中 24 座机组由俄罗斯建设。

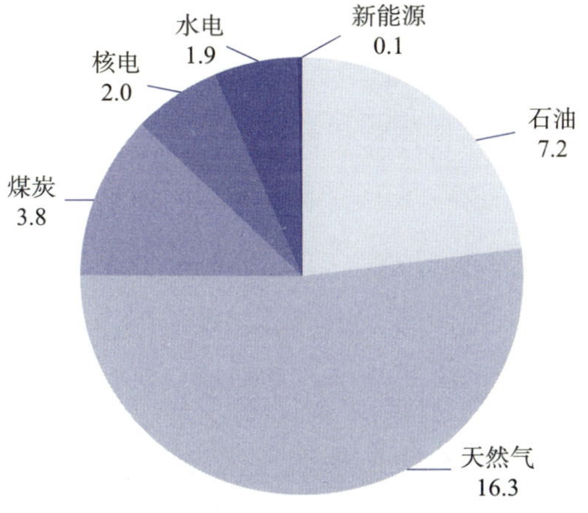

图 5–1　俄罗斯 2023 年能源消费结构（单位：艾焦）

数据来源：Energy Institute Statistical Review of World Energy

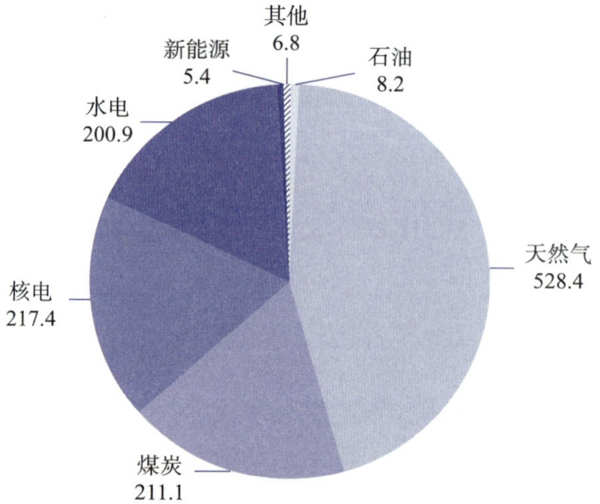

图 5-2　俄罗斯 2023 年电力消费结构（单位：太瓦时）

数据来源：Energy Institute Statistical Review of World Energy

俄罗斯对核电发展始终保持积极态势，随着能源格局和地缘政治的演变，俄罗斯核电政策也在不断变化。20 世纪 90 年代以来，俄罗斯作为核电大国，凭借技术、市场和出口优势，谋求俄罗斯核电全产业链的技术领先地位。1999 年，俄罗斯政府发布《21 世纪上半叶俄罗斯核能发展战略》，提出要在新的技术平台上进一步发展快中子反应堆。2009 年，俄罗斯联邦政府批准《俄罗斯 2030 能源战略》，提出 2030 年前实现如下计划：一是存量优化，推动核电站的现代化和升级改造，延长核电站使用寿命；二是增量替代，开发快中子反应堆的商业核电站，建造具有超临界蒸汽参数和中子谱可调的新一代压水反应堆；三是做强产业链，开发闭式燃料循环和废物处理创新技术，以国内的创新技术和现行国际合作为基础，开发聚变技术。俄罗斯核工业由俄罗斯国家原子能公司进行运营，该公司代表俄罗斯政府统筹国家核电产业，业务涵盖核电研发设计、核电建造、天然铀生产、核燃料加工、装备制造、核电运营、核电退役、乏燃料及核废物处理等核电全产业链。

2021年，俄罗斯提出2060年前实现碳中和，核电成为俄罗斯低碳能源重要组成部分。2020年以来，全球能源转型速度加快，各国提出本国的净零排放目标。2021年11月，俄罗斯政府发布了《2050年前低温室气体排放社会经济发展战略》，关键任务是目标情景下确保俄罗斯在全球能源转型背景下的全球竞争力和可持续经济增长，俄罗斯将在实现经济增长的基础上达到温室气体低排放目标，即到2050年前温室气体净排放量在2019年的排放水平上减少60%，同时比1990年的排放水平减少80%。为了实现此目标，俄罗斯将在电力行业开发核电和可再生能源。然而，2022年俄罗斯电力结构中可再生能源发电量占发电总量的份额不足1%，而核电发电量占比近20%，可再生能源尚不能挑起俄罗斯能源转型大任。2022年10月，俄罗斯政府批准了国家绿色项目分类法，正式承认核能是俄罗斯绿色能源的组成部分，明确了核能作为清洁、低碳能源的地位，这也意味着俄罗斯后续的核能项目将以更加优惠的条件获得更多的绿色融资，核电将成为俄罗斯能源转型和实现净零排放目标的中坚力量。

俄乌冲突以来，俄罗斯继续谋求核电全产业链的技术领先地位，国内核电占比保持在20%，同时通过产业链和科技优势增加国际市场份额，并极力确保冲突不会破坏核电安全。2023年3月，俄罗斯能源部已批准到2028年新增270万千瓦核电装机容量，以俄罗斯核电容量因子为80%、全国电力需求年均1.8%增速计算，届时俄罗斯电力需求将达到1.233万亿千瓦时，核电发电量达到2422.91亿千瓦时，核电仍维持约20%的发电量比重。此外，俄罗斯政府将为核电发展计划拨款约1000亿卢布，用以研发新型核燃料、建立废物处理能源技术平台和开拓核技术市场，特别是在全产业链上加快建造小型核电厂步伐，提出到2030年实现在全球小型核电市场占比达20%。

在占据核电领域技术优势的同时，俄罗斯也坚决兜住俄乌冲突下的核电安全底线，并围绕扎波罗热核电站安全作为政治博弈的工具和窗口。俄乌冲突白热化后，核电安全也成为双方话语权争斗和争取国际支持的焦点。2022 年 2 月，俄乌双方首次在扎波罗热核电站附近进行军事争夺。扎波罗热核电站是欧洲最大的核电站，其安全也受到多方关注，关于扎波罗热核电站的对弈逐渐从能源安全演变为政治博弈。俄罗斯指责乌克兰使核电站受损，乌克兰指责俄罗斯将核电站用作“核盾牌”，但双方始终以避免再次出现类似切尔诺贝利核灾难为底线。此外，国际原子能机构也多次警告或派驻代表团，以避免扎波罗热核电站“完全失控”。2022 年 7 月，在俄罗斯的支持下，国际原子能机构专家团访问扎波罗热核电站，俄方进一步期待扎波罗热核电站设立常驻观察团，从而确保核电站安全。即便如此，2022 年 8 月至 2023 年 3 月，扎波罗热核电站共经历 6 次断电，但核电厂报告始终没有发生任何泄漏。2023 年 5 月，国际原子能机构总干事格罗西在联合国安理会上就更好地保障核电站运行安全、确保核电站设施完整性、防止放射性材料出现危险性泄漏以及核事故，具体提出五项原则。然而，2023 年 5 月，扎波罗热核电站出现第 7 次断电停运。2023 年 10 月，俄罗斯国家原子能公司宣布扎波罗热核电站有望在 2024 年重启，这进一步说明了俄罗斯对发展核电和保障核电安全的重视程度。一方面，俄罗斯作为核电大国，面对扎波罗热核电站时的行为较为保守并寻求国际支持，表明俄罗斯在极力避免核泄漏等安全事故导致世界核电发展开倒车，且国际铀价也并未受扎波罗热核电站事件而出现明显价格波动；另一方面，在全球能源安全和能源转型背景之下，世界各国都将核电安全作为底线并达成共识，特别是民众对核电安全更为关注，这也为俄罗斯将核电安全作为政治博弈工具提供了机会。当前俄乌冲突、巴以冲突等地缘冲突愈演愈烈，在确保核电站安全的基础上争夺核电安全中的话语权将尤为重要。

二、核电是俄罗斯能源外交的重要支撑

俄罗斯是核技术和燃料的主要出口国，截至 2022 年 6 月，共有 17 座

采用俄罗斯核技术的压水堆在俄罗斯以外的国家建设，分别是土耳其（3座）、伊朗（1座）、印度（4座）、斯洛伐克（2座）、白俄罗斯（1座）、孟加拉国（2座）和中国（4座）。

俄乌冲突以来，俄罗斯与其他国家的关于核电的合作并未明显受到影响，主要是存量核电对俄核技术和核燃料的依赖。当前，俄罗斯建造的核反应堆发电量占亚美尼亚、孟加拉国、白俄罗斯、匈牙利、斯洛伐克和乌兹别克斯坦这些国家电力供应的10%以上，占土耳其、埃及和伊朗的4%～10%。2021年俄罗斯国家原子能公司和8个国家的客户共签订34项新的铀产品供应合同。根据2023年2月《自然》杂志上发表的论文，俄罗斯国家原子能公司目前在29个国家拥有73个处于不同阶段的反应堆项目，并与13个国家签订了核能领域的双边协议或谅解备忘录。

俄乌冲突爆发后，俄罗斯继续扩大核电技术的出口，在与东欧、中亚等国家保持原有合作的基础上，通过核电出口扩大自身在北非、中亚和西非等国家的影响力。2023年，俄罗斯核工业在前所未有的制裁压力下，继续在广泛的领域发展，开发先进的技术和产品，并凭借这些技术和产品进入新市场，防止那些试图将全球核工业政治化的国家获得竞争优势。2023年4月，俄罗斯总统普京参加了在土耳其建设的阿库尤（Akkuyu）核电站的燃料交付仪式，2023年12月，该核电站第一台机组启动调试并获批投入运行。2023年5月，俄罗斯国家原子能公司在埃及正式动工建设埃及首座核电站——埃尔达巴（El Dabaa）核电站3号机组，2023年11月，埃尔达巴核电站第二个核反应堆机组也正式开工建设。2023年，俄罗斯已向马拉维提供2000万美元的财政援助，以支持马拉维建设一座核电站，并以此来投资马拉维丰富的矿产资源。2023年10月，布基纳法索与西方多国政府闹翻后，俄罗斯表示将建造核电站以满足布基纳法索的能源需求。综合以上观察，俄罗斯力图通过核电出口来发挥影响力，通过核电外交将各国拉入自身阵营。

三、西方对俄十余轮制裁始终未纳入核电

俄乌冲突以来，欧洲能源逐步摆脱对俄罗斯资源的依赖，担心俄罗斯会部署其“能源武器”——操纵供应和价格以迫使政治让步来报复西方经济制裁，北溪管道遭到破坏、“陶里亚蒂—敖德萨”氨管道被炸等事件进一步证明了化石燃料供应的脆弱性。欧盟领导人首先对俄罗斯煤炭实施制裁，随后又对石油和天然气实施制裁，而俄罗斯则以削减供应作为回应。随着天然气和电力价格急剧上涨，核电在欧洲国家能源结构中扮演更重要的角色，但俄乌冲突产生的政治影响使得这种关系更为复杂。在西方接连 11 轮制裁后，仍未对俄罗斯核电领域进行制裁。按照欧盟程序，对俄任何制裁都需要一致决定，这表明欧盟内部对俄罗斯核电制裁仍存在争议。

欧盟摆脱对俄核电依赖较为棘手，目前对制裁俄罗斯核电分化为 3 个阵营。据统计，欧盟国家中共有 18 个由俄罗斯建造的核反应堆，2 个在保加利亚，6 个在捷克，2 个在芬兰，4 个在匈牙利，还有 4 个在斯洛伐克。根据欧洲原子能供应机构（ESA）的数据，2021 年，俄罗斯国家原子能公司为其位于欧盟国家的反应堆供应了 20% 的天然铀，处理了 25% 的铀转化服务，以及提供了 1/3 的铀浓缩服务。

支持制裁的国家一方面受到本国能源结构影响，这些国家核电占比较低，本国核电没有采用俄罗斯的核电技术，对俄罗斯只是部分核燃料依赖，随着俄乌冲突加大了各国能源自主性，因此支持对俄核电进行制裁；另一方面受地缘政治影响，以波兰为代表，俄乌冲突后这些国家对俄政治互信降低，放弃使用俄罗斯核电技术或转向其他西方国家寻求核电支持。

反对制裁的国家主要是对俄罗斯核电技术和核燃料供应的存量依赖，短期仍需要俄罗斯核燃料的供应来保证本国电力正常运转，以保加利亚、

斯洛伐克、芬兰、匈牙利和捷克为代表，这些国家的核反应堆是由苏联建造的，它们的燃料必须来自俄罗斯。对这些国家来说，核电约占其总发电量的 40%~60%。

值得注意的是，尽管东欧国家对俄罗斯核电存量依赖程度较高，但核电增量也出现了摆脱原来对俄核电单一依赖的倾向，俄罗斯国家原子能公司的阵地正逐步被美国西屋公司蚕食。俄乌冲突后，捷克和斯洛伐克都与美国西屋公司签署了核燃料供应合同，以替代俄罗斯的核燃料，降低对俄罗斯的核电依赖。特别是芬兰直接取消了已签署的俄罗斯国家原子能公司在本国建造核电站的合同，波兰同意部署基于美国技术的小型反应堆来发展国内核电。但根据欧洲原子能供应机构（ESA）估计，由于监管机构需要对新燃料进行分析和许可，这个替换俄燃料过程可能需要三年，且由于全球铀浓缩和转化产能的长期不足，最终取代俄罗斯国家原子能公司的时间需要 7 ~ 10 年，这些国家短期之内不得不继续依赖俄罗斯核燃料和服务。

摇摆的国家则以法国为代表，其并未采用俄罗斯核电技术，但本国核电占比高达 70%，高度进口俄罗斯核燃料及相关服务；同时作为欧盟主要首脑国家，法国需要坚决表明态度，结束对俄罗斯能源依赖。欧洲各国对制裁俄罗斯核工业态度具体如表 5–1 所示。

表 5–1　欧洲国家对制裁俄罗斯核工业态度

国家	态度	说明
德国	支持制裁	德国是俄乌冲突后第一个在欧盟提议制裁俄罗斯核技术与核燃料进口的国家。这与德国退出核电的能源政策相关
爱尔兰、拉脱维亚、爱沙尼亚、立陶宛	支持制裁	2022 年 9 月，四国向欧盟委员会提交了禁止与俄罗斯在核能方面合作的计划。这些国家没有核电，对俄罗斯核电实施制裁不会对它们产生直接影响
英国	支持制裁	英国在 2023 年 5 月宣布制裁 9 家与俄罗斯国家原子能公司有关的机构与组织

续表

国家	态度	说明
波兰	支持制裁	波兰基于能源转型于2020年发布国家核电计划（Polish Nuclear Power Programme），建设总容量在600万千瓦至900万千瓦之间的核电以取代现有燃煤热电联产电厂。俄乌冲突爆发后，美国和波兰两国政府于2022年11月宣布建立战略伙伴关系，波兰政府同意部署基于美国技术的小型反应堆来发展国内核电
芬兰	反对制裁	芬兰国内有2座使用俄罗斯技术的核反应堆在运行，根据国际原子能机构数据，2021年芬兰的核电发电量占其总发电量的34%
匈牙利	反对制裁	匈牙利国内有4座使用俄罗斯技术的核反应堆在运行，根据国际原子能机构数据，2021年匈牙利的核电发电量占其总发电量的48%，对俄核燃料供应和相关技术支持具有高度依赖
捷克	反对制裁	捷克国内有6座使用俄罗斯技术的核反应堆在运行，根据国际原子能机构数据，2021年捷克的核电发电量占其总发电量的37%。俄乌冲突后，捷克与美国西屋公司签署核燃料供应合同，以替代俄罗斯的核燃料，降低对俄罗斯的核电依赖
斯洛伐克	反对制裁	斯洛伐克国内有4座使用俄罗斯技术的核反应堆在运行，根据国际原子能机构数据，2021年斯洛伐克的核电发电量占其总发电量的53%。俄乌冲突后，斯洛伐克与美国西屋公司签署核燃料供应合同，以替代俄罗斯的核燃料，降低对俄罗斯的核电依赖
保加利亚	反对制裁	保加利亚国内有2座使用俄罗斯技术的核反应堆在运行，根据国际原子能机构数据，2021年保加利亚的核电发电量占其总发电量的41%，对俄核燃料供应和相关技术支持具有高度依赖
法国	摇摆不定	法国核电发电量占其总发电量接近70%，根据欧洲原子能共同体的报告，俄罗斯是欧洲第二大铀进口来源国，法国也与俄罗斯签订了铀供应协议。另外，法国再次重申欧洲必须摆脱对俄罗斯固有的能源依赖，也在试图摆脱对俄罗斯核电供应链的依赖

四、俄罗斯在全球核燃料市场话语权削弱且恐受到制裁

俄乌冲突以来，全球核燃料供应格局也在发生变化。俄罗斯低浓铀具备成本优势和产能优势，是多国核燃料主要供应商。根据世界核协会发布

的报告，俄罗斯占有约 40% 的全球铀转化市场份额，拥有 46% 的全球浓缩铀产能，美国等西方国家对俄罗斯仍存在浓缩铀供应依赖。以美国为例，2022 年其所需浓缩铀的 1/4 仍需依赖俄罗斯国家原子能公司供应。但是俄乌冲突爆发后，美国等西方各国抱团挤压俄罗斯核燃料出口并减少对俄核燃料依赖。**一是不断增强本国核燃料供应。**美国等西方国家内部抱团或寻找替代俄核燃料的第三方，减少对俄罗斯核燃料的依赖。西方国家增加国内开采和转化以及建立战略铀储备铀燃料，欧安诺、Urenco 等公司低浓铀生产成本逐步下降且低浓铀产能攀升。2024 年 1 月，美国能源部表示，美国计划与日本、英国、法国和加拿大合作建立低浓缩铀国际供应链，以摆脱对俄罗斯的依赖。2024 年 5 月，美国政府授权使用国会之前批准的 27.2 亿美元资金，用以提升美国国内的铀浓缩能力。此外，法国也在寻求与哈萨克斯坦的铀供应合作。2023 年 4 月，七国集团发布了关于核燃料供应链的合作声明，加强核燃料供应链市场在西方国家内部循环。**二是禁止进口俄罗斯核燃料。**2024 年 5 月 13 日，美国总统拜登签署了《禁止进口俄罗斯铀法案》（*Prohibiting Russian Uranium Imports Act*），标志着美国在其民用核能领域对俄罗斯铀的依赖即将结束。该法案规定，从法案生效后的 90 天起，美国企业将不再被允许进口俄罗斯生产的低浓缩铀。俄罗斯目前是美国商用反应堆所需浓缩铀的主要供应国之一，占比高达 1/4，每年为俄罗斯带来约 10 亿美元的收入。对进口俄罗斯浓缩铀制裁后，美国政府一方面积极支持本国浓缩铀产业发展，另一方面也在积极寻求与其他国家的合作，以确保能源供应的多元化和稳定性。**三是抢占俄罗斯原有核燃料市场。**俄罗斯在中欧等地的核燃料市场不断被美国等西方国家挤压，对欧洲地区的核燃料出口显著下降，对中国、印度、土耳其的核燃料出口增加。目前，中东欧地区仅匈牙利坚持继续使用俄罗斯核燃料，乌克兰停用了俄罗斯的核燃料，捷克、保加利亚、芬兰由于合同未到期，短期内仍在使用俄罗斯核燃料。西屋公司和法马通公司与保加利亚、捷克、乌克兰等国签署了长期燃料组件供应协议，持续抢占俄罗斯在中东欧的燃料市场。

随着美国等西方国家对俄罗斯浓缩铀依赖降低，其他国家或将效仿美国，使得浓缩铀成为俄罗斯受到制裁的领域，核燃料供需关系越发紧张，存在供应链脱钩风险。2023 年下半年以来，地缘政治、产能收紧、低碳转型预期增强等因素叠加，铀价迅猛增长。2024 年 1 月中旬，天然铀现货价格自 2007 年以来首次突破每磅 100 美元，同比增长超一倍，达 16 年来最高水平。考虑到国际社会核电发展预期高涨，若供应侧难以快速满足需求增势，受美国新一轮对俄浓缩铀制裁禁令的影响，预计铀价上涨仍会延续。

美国禁止俄罗斯铀进口给中国加大浓缩铀进口带来机会。2024 年 4—5 月，中国从俄罗斯进口浓缩铀总量增长了 3.4 倍，仅 2024 年的前 5 个月，中国就从俄罗斯购买了价值约 3.11 亿美元的浓缩铀及其他放射性元素，其中浓缩铀占比高达 95%，为 2023 年全年交易额的 70%。

五、俄罗斯核电发展值得借鉴之处

一是明确核电清洁能源定位。俄罗斯发布《国家绿色项目分类法》，承认核能是俄罗斯绿色能源的组成部分，明确了核能作为清洁、低碳能源的地位；美国早在奥巴马政府时期，就通过《清洁能源计划》，将核电作为清洁能源的一部分；欧盟发布《净零工业法》，提出先进核电和小型模块化反应堆是欧盟清洁能源本土化的重要组成；英国发布新版《能源安全战略》，将先进核能纳入清洁能源的范畴。2023 年 10 月，中共中央政治局召开会议审议《关于进一步推动新时代东北全面振兴取得新突破若干政策措施的意见》，强调要加快发展风电、光电、核电等清洁能源，建设风光火核储一体化能源基地。然而，国内尚未有将核电纳入清洁能源的政策文件出台。将核电赋予清洁能源定位，其一有助于推动核电成为新型能源体系的重要组成部分。当前，煤电作为支撑性调节性电源时碳排放仍居高位，以风光为主的新能源在运行中仍存在天花板，尚无大规模长周期的储能技术进行调配，核电作为清洁能源是实现双碳目标的可靠支撑。其二新增核电消费不纳入能源消费总量控制，核电作为电力供应有助于完成近中期各地能耗双控目标。其三将核电作为可再生能源电力消费量认定，便于核电进入绿电交易，获取电价主动，吸引政府资金支持和绿色融资，在碳边境排放机制等约束下，也能够为核电出口降低潜在碳关税等提供优势。

二是发挥国家体制优势为核电进行决策指导，统筹各部门协同运作。俄罗斯核工业由俄罗斯国家原子能公司负责运营，采取企业集团化运作模式，整合产业链上下游板块，凝聚产学研多方合力，推动俄罗斯核工业发展。其他核能大国也纷纷效仿俄罗斯成立国家级机构以统筹国内核电发展，例如，法国成立核战略委员会，由马克龙总统亲自担任委员会主任；韩国成立跨部门的核能战略出口委员会，拨派资金支持韩国企业在核电产业链寻求出口优势；美国成立核能管理委员会并通过“下一代核电机组计划”“核能加速创新门户计划”等国家核工程计划。核电出口涉及政治外交、产业技术、国际贸易、资源开发等多个板块，跨越政府、企业、高校、科研机构等多个部门，需要建立更高层核电决策机制，研判并提出国家核电重大专项，推动中国核电规模化发展。

三是加大核电科技创新，通过先进装备制造为经济增长提供新动能。当前各国都认为核电是国家低碳转型的重要支撑，在核电领域的科技创新也是各国博弈的焦点。俄罗斯在不同阶段始终保持核电全产业链研发、制造、资源和资金优势，这也是其在俄乌冲突后仍保持核电竞争力并开展核电外交的重要基础。中国已经充分证明绿色低碳科技创新能够创造经济新增长点，以电动汽车、太阳能电池、储能为代表的“新三样”出口快速增长。中国在运营“华龙一号”，建设“国和一号”等第三代反应堆的基础上，增加对高温气冷堆、快堆、乏燃料后处理等示范工程的投入，特别是加大对小型模块化堆的资金投入和人才培养，通过科技创新手段降低小型模块化堆单位投资成本，寻求中国先进小堆在全球的话语权。此外，中国积极探索核能综合利用方式，深入总结山东海阳核能供暖工程、辽宁红沿河核能供热工程、浙江海盐核能供热工程等示范项目经验，探索核能在清洁供暖、工业供汽、海水淡化、核能制氢等领域发挥的更大作用。

四是加强我国铀供应链建设，保障核燃料供应安全。2022 年中国在运行核电机组累计发电量为 0.42 亿千瓦时，天然铀需求量约为 1 万吨，几乎全部从哈萨克斯坦和纳米比亚进口。根据相关机构测算，若未来我国核电装机规模达到1.5亿 ～ 2亿千瓦，届时天然铀需求将达到2万 ～ 3万吨/年，而当前全球天然铀产量仅为 5 万吨 / 年，提升天然铀保障供应能力迫在眉睫。俄罗斯通过国内开发、海外开发、国际贸易、战略储备建立起全球浓缩铀产业链优势，牢牢占据核电产业主动权。中国一方面应持续国内铀资源勘探开发，扩大产能规模，做好战略储备；另一方面还要加大与周边资源型国家合作，特别是在美国禁止进口俄罗斯铀背景下，加强对俄罗斯天然铀及浓缩铀服务的进口，做强战略储备，积极融入全球供应链市场，同时防控复杂地缘政治导致的海外贸易风险，保障资源利用自主可控，将核工业“饭碗”牢牢端在自己手里。

第六章　印度能源转型及核电发展政策演变

一、印度核电发展具有较强的政治军事属性

印度核电自发展之初便与政治军事高度捆绑，一部印度核电发展史也是印度独立后政治军事立场的生动体现。**一是政治属性。**核电作为印度独立后美加英等西方国家援助印度的抓手，是印美政治蜜月期的重要体现。印度独立后，核电发展和美国等西方国家有一段蜜月期，但随着印度进行核试验，美国对印度核电领域进行制裁，而在美国重返亚太战略后又将印度作为美国核电重要市场重新给予支持。俄乌冲突后印度通过在俄、美、法中巧妙斡旋，使这些国家都对印度核工业予以支持，多国竞逐印度核电市场让印度核电重新焕发生机。**二是军事属性。**印度将发展核电作为发展核武器的重要工具和巧妙掩饰，并始终坚持核试验至今。作为印苏军事同盟的重要组成，苏联在印度核电受到制裁后见缝插针与印度交好，并借助军事同盟进入印度核电市场，但随着俄乌冲突爆发后印度也不得不审视和俄罗斯核电合作带来的风险挑战。印度核电发展经历以下四个阶段。

第一阶段：依靠英、美、加等国家技术援助，印度核电站建设走在亚洲前列。1956 年，在英国的帮助下，印度建立本国第一座反应堆——功率不足 1 兆瓦的阿帕萨拉实验堆。随后，在美国和加拿大的帮助下，印度建立功率 40 兆瓦的希鲁斯核反应堆。英美加不仅帮助印度成功建设多座核电站，还为印度提供核电站施工、浓缩铀提取、核废料回收等核心技术支

持，到了 1974 年，印度已经建立起包括轻水堆、重水堆、后处理厂等较完善的核工业体系。

第二阶段：印度核试验后美国进行制裁而苏联见缝插针，印度逐步独立自主形成本国技术路线。印度经过十几年浓缩铀的积累，于 1974 年成功进行第一次核试验。印度核试验的成功给世界各国带来不安，原本对印度进行核技术支持的国家也开始对印度进行制裁。美国以印度不是《核不扩散条约》和核供应国集团成员为借口，将印度完全排除在国际防扩散机制之外，使印度难以从国际市场上买到核材料、核技术和核设备。印度核电技术、核电设备、天然铀资源对外依赖严重，受制裁后印度的整个核电产业链都陷入了停摆状态。对处于孤立地位的印度伸出援手的是 1971 年与其签订具有军事同盟性质的《和平友好合作条约》的苏联，苏联不仅给予印度技术和原料支持，还于 1988 年就建设 100 万千瓦的大型核电机组达成协议。苏联解体后，由俄罗斯继续履行协议，于 2002 年开工建设两个机组，并分别于 2014 年和 2017 年投入运行。1998 年印度进行核试验后，俄罗斯也通过向其提供低浓缩铀施以援手。

第三阶段：2001 年“9・11”事件后，世界政治军事格局发生演变，美国本土核电建设停滞，因此将印度作为重要政治军事伙伴和核电输出市场，重新对印度开展核电支持。“9・11”事件后，美国制定重返亚洲战略，将印度塑造为亚洲的战略伙伴，成为平衡中国崛起和抵制印俄交好的军事与政治杠杆。同时，美国自 1979 年三哩岛核事故后多年无新建核电站，美国的核电企业急需一个能够消化美国核电技术的市场，美印核能合作可确保美国公司在参与印度核能建设的国际竞争中保持优势地位。2004 年，布什政府出台了《美印战略关系的后续步骤》等文件，强调在诸如民用太空项目和民用核活动方面对印度提供更多的帮助和支持。2005 年 7 月，美印又发表了建立“全球伙伴关系”的宣言，宣布全面开展民用核合作。2008 年 10 月，时任美国总统布什签署了《美国与印度核合作认证与核不扩散促进法案》，美国承诺不干涉印度基于军事目的的核计划，印度成功获得了核分离（民用和军用分开）发展的权利，且核供应国集团成员准许印度从国际市场上购买核燃料。在国内外发展形势利好情况下，2009年，时任印度总统辛格宣布印度要在2050年前实现核电装机容量达到现在的12倍，但目前来看距离这一目标仍存在较大差距。随着美国等西方国家取消对印度核电制裁，俄罗斯也继承苏联在印度的核电资产，并继续保持合作。2015年12月，在俄印第16次双边峰会上，普京与莫迪签署合作协议，内容涵盖国防、核能、科技、贸易和投资等，俄罗斯同意在未来20年内向印度提供12座核反应堆。

第四阶段：俄乌冲突后，印度并未降低与俄罗斯核电合作，美俄法多国竞逐印度市场。目前，印度大型反应堆全部为俄罗斯建造，占全部输出功率的30%，此外印度有10座机组正在建造，俄罗斯就占输出功率的一半。俄乌冲突爆发后，作为长期盟友的印度并未发起谴责，两国核电合作并未搁浅。特别是印度总理莫迪于2024年7月访问俄罗斯，俄罗斯原子能公司负责人阿列克谢·利哈乔夫在莫迪参观俄罗斯原子能公司展会时表示，俄罗斯愿意协助印度建设低功率热带核电站。与此同时，美国、法国等国也谋求将印度作为本国核电技术重要市场。以美国为例，2023年6月22日，美国白宫网站公布了美印联合宣言，两国领导人指出印度核电有限公司（Nuclear Power Corporation of India Limited，NPCIL）和西屋电气公司（Westinghouse Electric Corporation，WEC）正在就在印度Kovvada核电站建造六座A1000进行谈判，美国能源部（Department of Energy，DOE）和印度原子能部（Department of Atomic Energy，DAE）将加强磋商，以为西屋电气公司向Kovvada核电站建造提供技术商业报价提供便利。以法国为例，法国是少数几个没有谴责印度1998年核试验的国家之一，也是核供应国集团（Nuclear Suppliers Group，NSG）豁免印度后第一个与印度缔结民用核合作协议的国家。2016年1月，两国制订了具体的核能合作路线图，包括在印度杰塔普（Jaitapur）合作建设全球最大核电厂。2021 年 4 月，法国电力集团（EDF）与印度核电有限公司（NPCIL）合作在杰塔普建设 6 台欧洲压水堆（EPR）机组。2022 年 9 月，法国将继续与印度就杰塔普（Jaitapur）核电厂项目开展合作，且合作内容扩大至小型模块化反应堆（SMR）和先进模块化反应堆（AMR）。2023 年 11 月，法国电力集团与印度巴拉特重型电气有限公司（BHEL）就杰塔普核电厂项目签订合作备忘录。

二、核电是印度保障能源安全、增加电力供应的重要手段

印度电力需求高速增长，核电是印度电力供应的重要保障，未来仍将保持快速发展态势。根据国际原子能机构动力堆信息系统的数据，截至 2023 年底，印度共有 19 座核反应堆，总装机容量达 629 万千瓦，另有 8 座正在兴建，总装机容量达 602 万千瓦，是全球核电反应堆装机容量前 15 名国家中唯一一个在建机组规模达到在运机组规模的国家。印度 2023 年核电消费量约为 0.4 艾焦（见图 6–1），占全国能源消费总量的 1.1%，但核电发电量约为 482 亿千瓦时（见图 6–2），占全国发电总量的 2.5%。

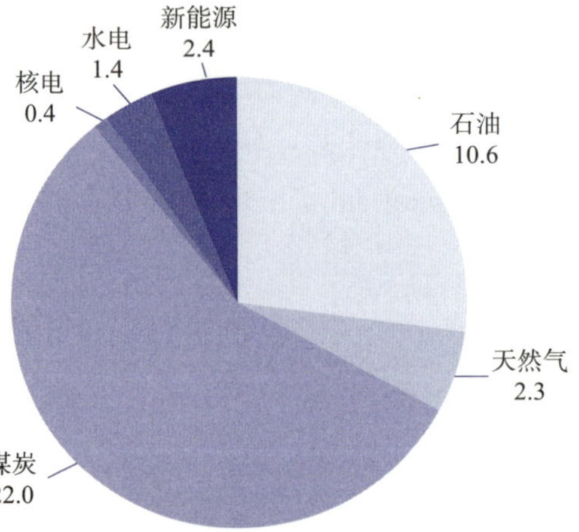

图 6–1　印度 2023 年能源消费结构（单位：艾焦）

数据来源：Energy Institute Statistical Review of World Energy

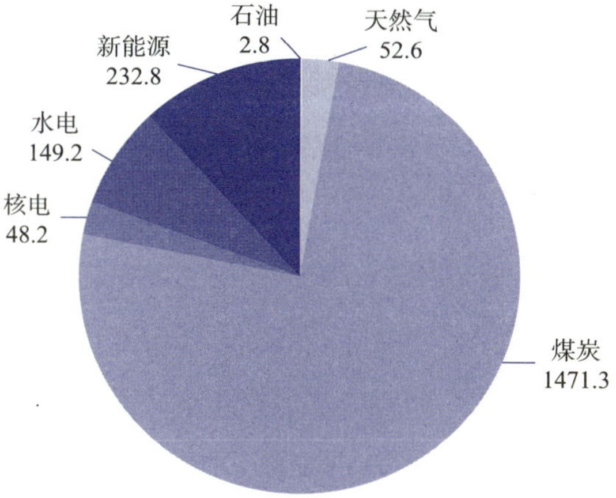

图 6-2 印度 2023 年电力消费结构（单位：太瓦时）

数据来源：Energy Institute Statistical Review of World Energy

印度政府出台多项政策支持国内制造业发展。2020 年 3 月，印度政府开始实施生产挂钩激励计划（Production-Linked Incentive），聚焦半导体、汽车、手机等 14 个行业，计划 5 年内总支出金额 2.5 万亿卢比，占财政总支出比重的 3.3%。积极的制造业政策导向进一步推升印度制造业的用能用电，印度 2023 年全社会用电量达 1.96 万亿千瓦时，相较 2022 年增加 1290 亿千瓦时，增速达 7.0%。

煤电是印度应对电力需求快速增长的主力电源。2023 年，印度煤电发电量达 1.47 万亿千瓦时，相较 2022 年增加 1170 亿千瓦时，增幅达 8.6%。2023 年，印度煤电发电量占全社会用电量的 75.1%，燃煤发电量增量占发电量增量的 90.7%，是印度满足用电快速增长的绝对主力电源。由于燃煤发电量在印度电力结构中占据主导地位，印度发电碳强度（713gCO_2/kWh）明显高于全球平均水平（480gCO_2/kWh）。与 2022 年相比，2023 年印度电力行业的碳排放量增加了 7.2%，发电排放量达到 1404MtCO_2，居全球第三。可见，当前印度仍然是以高碳排放支撑本国电力供给。

印度煤电、水电、新能源发展均面临外部约束，核电是印度满足电力供需平衡的重要选择。从煤电看，印度仍有 1/4 煤炭依赖进口，一旦全球煤炭价格上扬，就会造成煤炭短缺引发供电危机。并且印度煤电机组技术较为落后，制约了其发电能力。从新能源看，虽然印度政府积极推动可再生能源发展，但从总量上看，风电、太阳能发电等新能源发电量仅占印度发电量的 11.9%，特别是其增量只能满足印度电力需求的 5.2%，增长速度仍不足以满足印度快速增长的电力需求。此外，从新能源建设看，印度新能源发电和电网基础设施水平均较低，新能源发电稳定性相对较差，发电成本较高，且波动性间歇性新能源对电网产生较大冲击，难以有效接入现有电网。从水电看，一旦遇到极端天气等情况，就会造成本土电力短缺。例如，2023 年由于来水不足，印度水电发电量相较 2022 年减少 257 亿千瓦时，相当于风电、光伏等其他可再生能源 2023 年发电增量之和，导致印度仍出现了电力短缺的现象。

因此，当前印度积极发展核电对保障印度正常电力供应具有积极意义。核电在电力供应方面起到基础保障作用。核电有助于维持确定性电源占比，有效应对新能源出力的随机性和波动性，尤其是保障极端天气或极端自然灾害条件下的电力供应安全。例如，尽管当前印度核电发电量占总发电量比重仅为 2.5%，但倘若缺少这部分电量，印度就会从电力供需紧平衡变为电力供需不平衡，引发局部地区出现限电等恶性局面。反之，多了这部分电量并进一步发展核电，可以帮助印度解决来水不足、煤炭不足等极端情况下的电力供需不足难题。根据国际能源署《2023 世界能源展望》统计，受家庭电气化、经济蓬勃发展、电动汽车日益普及、基础设施建设和制冷系统的推动，印度电力需求正在迅速飙升，预计到 2030 年，印度用电量将从 2023 年的 1.96 万亿千瓦时增长至 5 万亿千瓦时。印度《长期低碳发展战略》提出探索核能的更大作用，筹划到 2030 年新建 21 座核电站，提出到 2032 年核能装机容量增长 3 倍，达到 2250 万千瓦，到 2047 年占电力发电总量的 9%。

三、核电是印度实现近零排放目标的重要选择

2021年12月，印度总理莫迪在COP26提出5项应对气候变化的承诺：第一，2070年实现净零排放目标；第二，到2030年印度碳排放总量减少10亿吨；第三，50%的电力来自可再生能源，高于《巴黎协定》承诺的40%；第四，碳排放强度相比2005年降低45%，高于《巴黎协定》承诺的35%；第五，2030年非化石燃料发电产能从2015年设定的4.5亿千瓦提高至5亿千瓦。为实现净零排放目标，印度在风电、光伏、氢能、核电等领域都开展了积极探索。

印度通过对内激励、对外约束，积极提升本土光伏产能。2015年，印度政府发布《国家太阳能计划》（*Jawaharlal Nehru National Solar Mission*，JNNSM），扩大光伏基础设施建设并提升光伏发电量，尤其重视光伏的本土化生产。印度《国家太阳能计划》为光伏推广应用制定了三阶段目标，以解决电力供需失衡、能源持续短缺、过度依赖煤炭等社会问题。截至2022年11月30日，印度已投产的光伏项目累计装机容量达6197万千瓦，其中并网装机容量5982万千瓦（包括5200万千瓦的地面光伏项目和782万千瓦的屋顶光伏项目）、离网装机容量209万千瓦。印度《国家太阳能计划》政策取得了一定成效，地面大中型光伏项目和离网光伏装机目标完成度较高，但屋顶太阳能目标完成度不足1/4。

2022年，印度《2022—2032年国家电力计划》（*National Electricity Plan*，NEP）进一步提出了光伏产业未来发展目标，规划2026—2027年光伏累计装机容量要到达1.8亿千瓦，占可再生能源装机总量的55.1%，到2031—2032年进一步增至3.65亿千瓦，接近当前装机水平的4.4倍，占可再生能源装机总量的61.1%。印度光伏累计装机规模自2018年起就进入了全球TOP5之列，根据国际可再生能源署的数据，截至2023年底，印度光伏装机总量达7280万千瓦，仅次于中国、美国、日本、德国，2022年印

度新增光伏装机规模更是仅次于中国、美国，位居全球第三。

针对雄心勃勃的光伏计划，印度本土产能能否按时落地仍有不确定性。对国外进口产品的排斥让印度光伏发展变得很不稳定。例如，2023年，印度光伏发展“大失水准”，其全年光伏新增装机容量仅750万千瓦，同比下降了44.1%。印度80%~90%的光伏组件依赖中国进口，为刺激光伏产业本土产能扩张，印度政府出台了配额调控、经济激励、基建投资和关税管制四个方面的一系列政策，但转向相对昂贵的国内制造可能会导致太阳能供应成本有所上升。

印度推出多项激励机制发展风电，但风电装机不及预期。根据印度2030年可再生能源装机目标，印度2030年风电装机容量需达到1.4亿千瓦，包括1.1亿千瓦陆上风电和3000万千瓦海上风电。根据国际能源署数据，印度陆上风电新增装机规模有限。截至2023年8月，印度风电累计装机容量为4409万千瓦，按照2017年以来年增速不足6%推算，到2030年印度风电装机容量不足7000万千瓦，实现2030年风能总装机容量1.4亿千瓦较为困难。

此外，为了推动能源转型，印度也积极发展本国氢能产业。印度于2023年1月启动“国家绿氢使命”计划，预计到2030年建立500万吨/年的绿氢产能。印度可再生能源生产氢气的平均成本与电池存储相结合，具备一定成本效益。到2030年，陆上风电和太阳能的混合发电可能将制氢成本降至4.3美元/千克，在亚洲仅次于中国。印度政府已拨款21亿美元，通过一项为期三年的激励计划，将电解氢生产成本降低10%。印度的氢能政策还允许开发商在25年内从电网购买可再生电力，而无须承担输电成本。

净零排放目标下，核电将在未来印度能源低碳发展中发挥更大的作用。一方面，印度可再生能源电力的间歇性和高成本问题难以克服，且与之相关的电池储能、绿氢仍存在技术瓶颈，由此，核电成为重要的低碳电源组成部分。另一方面，未来印度新能源大规模发展，核电将是稳定托底的基础电源，在承担基荷、参与调峰调频、提供应急保障等方面发挥重要作用。

四、铀资源约束直击印度核电软肋，核电技术属性不断强化

印度铀资源储量少，核能发电所需的铀燃料严重依赖进口。在“核孤立”阶段（1974—2001 年），核供应国集团（NSC）不允许成员与印度从事核能贸易，印度进口铀燃料受限束缚本国核电发展，倘若不是俄罗斯伸以援手，印度核电发展将远远滞后于当前进度。

印度过去在铀燃料供应中曾遭遇美国等西方国家“卡脖子”。1974 年核试验后国际制裁导致印度核燃料严重短缺，甚至使得一些核电厂被迫停运。但俄罗斯是 NSG 成员国中唯一愿意向印度提供铀燃料的国家。2001 年 2 月，俄罗斯根据双方达成的协议向印度塔拉普尔（Tarapur）核电站运送低浓缩铀燃料。2009 年 2 月，俄罗斯核燃料元件公司与印度原子能部签署向印度重水反应堆提供核燃料的长期合同，这也是 NSG 解除对印度核能贸易限制后达成的首个长期合同。2009 年 4 月，俄罗斯向印度海得拉巴（Hyderabad）核燃料厂交付了首批 30 吨铀芯块。2016 年 7 月 26—29 日，俄罗斯向印度供应的第一批超过 60 吨的核燃料颗粒交付，提供给印度正在运营的高压重水反应堆。印度虽然也从其他国家进口铀燃料，但俄罗斯仍然是主要来源国。2015—2016 年，印度从加拿大进口 250 吨铀，从俄罗斯进口 345 吨铀。

近年来，印度天然铀进口向哈萨克斯坦、加拿大偏转，但浓缩铀及相关技术仍高度依赖俄罗斯。2020—2022 年，印度从哈萨克斯坦进口铀精矿 4558 吨，从加拿大进口 2988 吨，同时印度从俄罗斯合计进口 56.78 吨浓缩铀燃料芯块，特别是印度部分在建核电采用俄罗斯 VVER 技术，并且此前已与俄罗斯签订为印度库坦库拉姆核电厂提供核燃料的协议。短期来看，印度仍无法做到核燃料独立。

俄乌冲突后，西方国家增加国内开采和转化以及建立战略铀储备铀燃

料，欧安诺、Urenco 等公司低浓铀生产成本逐步下降且低浓铀产能攀升。2024 年 1 月，美国能源部表示，美国计划与日本、英国、法国和加拿大合作建立低浓缩铀国际供应链，以摆脱对俄罗斯的依赖。特别是 2024 年 5 月 13 日，美国总统拜登签署了《禁止进口俄罗斯铀法案》（*Prohibiting Russian Uranium Imports Act*），标志着美国在其民用核能领域对俄罗斯铀的依赖即将结束。该法案规定，从法案生效后的 90 天起，美国企业将不再被允许进口俄罗斯生产的低浓缩铀。美国等西方国家加大对俄罗斯核燃料的制裁或给予印度从俄罗斯进口核燃料的窗口，印度或许以此为机遇，加大从俄罗斯核燃料进口并建立本国战略储备。

印度核电发展的政治军事属性决定了其将面临国际形势的复杂，核燃料对外依赖始终是印度核电发展的阿喀琉斯之踵。同时，核电也有低碳清洁电力的能源属性，本国核燃料供应是印度能源独立和支持经济发展的重要保障。为此，印度在核电技术路线上进行探索，降低对浓缩铀的依赖。相比压水堆，重水堆既能最大限度利用铀，而且钚产量较压水堆高，又能生产氢弹需要的氚和氘，在此考量下，印度在 20 世纪 80 年代选择了重水堆作为本国核电首要技术路线。

重水堆使用的原料仍然是铀，印度将钍基反应堆作为核电弯道超车和摆脱对国外铀燃料依赖的技术路线。钍基熔盐堆（Thorium Molten Salt Reactor Nuclear Energy System，TMSR）是第四代核能系统国际论坛六种熔盐堆之一。钍基熔盐堆采用熔盐状态燃料以及采用钍 –232 作为增殖燃料，利用钍—铀循环产能，在热中子堆中把钍 –232 转化为另外一种核燃料铀 –233，然后把铀 –233 分离出来返回堆中循环使用。相比重水堆，熔盐堆以钍元素为燃料，传统核电使用的铀和钚等非常稀缺，但钍矿资源远比铀和钚更丰富。地球地层中钍的储量较高，远高于铀和钚等元素，如萤石矿中就含有钍，矿产来源要容易得多。印度原子能部声称已在印度六个邦“建立了 1193 万吨独居石（含钍矿物）的原位资源”，这些储量含有约

107 万吨钍，远远丰富于本国铀储量。2019 年 6 月，印度政府制定三阶段核电计划并表示“计划将该国可用的大量钍矿床作为长期选择”，三阶段核能计划旨在通过在加压重水反应堆中使用天然铀，然后在快速增殖反应堆中使用从加压重水反应堆乏燃料中获得的钚，再次大规模使用钍，最后利用在快中子反应堆中产生的铀 -233。当前，印度在泰米尔纳德邦 500 兆瓦 Kalpakkam 核电站建造第一个自制快速增殖反应堆原型，经过测试证明该钍基反应堆转化路线可行。印度原子能部的努力旨在将当前与钍相关的研究和开发工作、活动扩大到更大的规模，并致力于技术开发。然而，只有具备充足的铀 -233 或钚资源供应时，才能开始大规模的钍商业利用。印度研究人员和科学家一致认为，快速繁殖反应堆（FBR）阶段的商业化建设需要几十年的时间。

中印恐将在进口俄罗斯浓缩铀燃料方面面临竞争，需及时做好应对策略。核工业是俄罗斯在俄乌冲突后保持本国工业竞争力和大国外交的重要手段。随着美国等西方国家加大对俄核燃料的制裁，俄天然铀、浓缩铀需要另寻别国市场。中印面临用电量快速增长和绿色低碳转型任务，核电发展势头迅猛且两国自身铀资源均不丰富，因此从俄进口核燃料是两国共同的选择。中印同时从俄进口核燃料恐引发价格上的博弈，中国应及早通过长协等方式锁定俄罗斯铀资源。

中印谁在发展钍基熔盐堆上占得先机将率先抢占下一代核电发展制高点。中国也在积极关注并推进钍基反应堆建设，2023 年 6 月，全球首个钍燃料核反应堆于甘肃武威开始试运行，中国科学院上海应用物理研究所获得国家核安全局颁发的核反应堆运行许可证。中国同样是贫铀富钍的国家，钍资源占全球第二，将钍作为核燃料使用，对于铀资源不足但需要大力发展核能的中国来说，意义重大。中印同样将钍基熔盐堆作为未来核电发展方向，将来势必会在装备制造、技术工艺、市场竞争等方面进行博弈，中国应加快相关科技攻关，做好相关技术突破。

第七章 其他国家能源转型及核电发展政策演变

一、非洲具有发展核电意愿，但面临诸多挑战

非洲电力供应短缺长期制约着经济发展，叠加遭受气候变化的严重影响，非洲多国发展核电的意愿强烈。长期以来，非洲国家的经济发展和工业化进程受到电力供应保障的制约。国际能源署的数据显示，当前非洲有约 6 亿人无电可用。同时，非洲也正遭受着比世界其他地区更严重的气候变化影响，包括水资源紧张、粮食产量下降、极端天气事件频发等，引起经济增长放缓。为了在妥善应对气候变化影响的前提下缓解电力短缺等发展问题，非洲各国加紧发展低碳经济，推动清洁能源发展。2015 年非洲推出《2063 年议程》（*Agenda* 2063），旨在实现包容性和可持续的社会经济发展目标。非洲联盟于 2021 年 7 月 15 日启动了非洲大陆《绿色复苏行动计划》，重点关注气候融资、资金影响、可再生能源、能源效率和国家公正转型项目等多个优先领域。核电可以提供安全、环保、零碳的电力供应，因此有助于非洲大陆实现联合国提出的可持续发展目标之一（SDG 7）——确保人人获得负担得起的、可靠的、可持续的现代能源，从而实现经济的转型发展。近期，非洲多国在核电站运营建设与规划选址方面取得了明显进展。

非洲仍处于核电发展的起步阶段。南非将延长核电站的运行寿命。南非科贝赫（Koeberg）是非洲当前唯一的商用核电站，总功率接近 200 万千瓦，但此核电站只能满足南非约 5% 的用电需求。为推动实现绿色能源

转型，南非核电运营商 Eskom 已经计划将科贝赫核电站两台机组延寿至 2045 年。南非于 2007 年提出新一轮核电发展计划，计划于 2030 年核电装机容量达到 960 万千瓦。2023 年 12 月，南非能源监管机构（Nersa）批准该国额外采购 2500 兆瓦核能发电容量，以应对轮流停电，预计第一台机组将于 2032 年至 2033 年期间投入运行。**埃及首座核电站已开工建设。**埃及与俄罗斯国有核能企业俄罗斯国家原子能公司（Rosatom）在 2015 年 11 月 19 日签署了埃及首座核电站的建设协议，在地中海沿岸埃尔达巴（El-Dabaa）建设四座 1200 兆瓦压水反应堆，项目将耗资 250 亿美元，计划 2030 年之前实现满负荷运转，发电能力有望达到 480 万千瓦。根据协议，反应堆由俄罗斯 Rosatom 公司提供，并配备终身的核燃料和旧燃料储存设施。**肯尼亚在 2022 年初确定了该国第一个核电站的两个选址——**基利菲和夸莱县。肯尼亚核能和能源机构估计，该项目将耗资约 5000 万美元，计划在 2030 年开始建设，4 年后进行试运行，预计在 2036 年全面运营。**尼日利亚进行首座核电站招标。**尼日利亚核管理机构于 2022 年 3 月招标建设 400 万千瓦的核电站，以解决其电力不足而导致的停电问题。尼日利亚也将小型模块化反应堆（SMR）视为本国核工业的未来发展方向，并与国际原子能机构和其他全球合作伙伴讨论在该国部署 SMR 的可能性。**乌干达首个核电项目完成选址。**2023 年 3 月，乌干达能矿部部长露丝·南卡比尔瓦·森塔姆表示，首个核电项目 Buyende 核电站选址位于首都坎帕拉以北约 150 公里，规模预计将达到 200 万千瓦，首期 100 万千瓦将在 2031 年前接入国家电网。

非洲发展核电仍面临诸多挑战。非洲核电发展有较大的市场潜力，但缺少相关技术研发、资金支持和产业基础。一是在电力基础设施建设方面具有较大缺口。非洲经济最发达的国家南非近十年来受困于电力基础设施老化、建设相对落后、南非国家电力公司债务问题等，因电力供应短缺出现的停电事件屡见不鲜。非洲大部分国家的电力基础设施不及南非，近期或难以支持核电的规模化发展。二是非洲国家的经济支持能力不足。核电项目所需投资很高，非洲整体经济环境较差，建设核电站对非洲各国而言将带来较大的经济压力。埃及正在建设的核电站 85% 的投资由俄罗斯以 250 亿美元贷款的方式提供。三是缺乏核电产业和技术基础。尽管南非和纳米比亚等国拥有丰富的铀资源，可用作建设核电站的原料，因此与发展其他能源相比，发展核电具备一定的资源成本优势。但是上述国家均无铀的深加工产业，仅能在资源开采方面提供一定支持，无法提供可用的核燃料。非洲核技术方面则全面依赖世界核工业大国。在建在运的核电站中，南非核电站的技术来自法国，埃及核电站的技术来自俄罗斯。因此，非洲国家在发展核电时需要合作方在融资、产业和技术方面给予全面的支持。

非洲是国际核电产业竞争的主要市场，核电大国在非洲多有布局。俄罗斯方面，俄罗斯国家原子能公司已经与非洲大陆大约 1/3 的国家（18 个国家）签署了谅解备忘录或政府间协议。2016 年，尼日利亚与俄罗斯国家原子能公司签署了一项 800 亿美元的计划，建设四座核电站。乌干达能源部与俄罗斯及中国的投资者达成了核电投资相关协议。2017 年，俄罗斯国家原子能公司与摩洛哥签署了原子能合作的备忘录，还与非洲大陆上人口第二多的埃塞俄比亚、有色金属储量巨大的赞比亚达成了类似的协议。2019 年，卢旺达与俄罗斯国家原子能公司签署了建立一个核科学技术中心的协议，目前已取得重大进展。2023 年 8 月的 G25 非洲咖啡峰会上，乌干达总统约韦里·穆塞韦尼（Yoweri Museveni）表示，已经与俄罗斯和韩国就核电站建设事宜完成谈判，两国将在乌干达建造两座核电站。韩国方面，埃及埃尔达巴核电站由俄罗斯和韩国共同支持建设。2022 年，韩国电力（KPS）还成功地完成了南非科贝赫核电站 2 号机组的维护工作。中国方面，2015 年，中国广核集团（China General Nuclear Power Group，CGN）与肯尼亚达成核电站建设的合作协议。2016 年，中国核工业集团

（China National Nuclear Corporation，CNNC）与苏丹签署了类似的协议。2017 年，中国广核集团和肯尼亚政府签署了华龙一号核电站项目合作协议，双方将在核电开发和能力建设方面展开全面合作。

俄乌冲突对非洲国家核电发展未产生实质影响。一是新冠疫情和俄乌冲突对非洲经济增长带来了一定压力，部分能源资源国通过加强能源出口得以提振经济。埃及和阿尔及利亚在俄乌冲突期间增加了对欧洲的天然气出口，南非增加了对欧洲的煤炭出口，从而帮助欧洲应对能源危机，并大大缓解了本国外汇紧缩的压力。二是非洲核电发展取得的进展比较有限，俄乌冲突没有对其核电发展造成实质性影响。三是正在建设的核电项目并未因俄乌冲突而中断。埃及电力部发言人阿依曼·哈姆在 2023 年 5 月表示："俄罗斯正在履行其向埃尔达巴核电站供应零部件的义务，俄乌冲突对此没有任何影响。"由此可见，俄乌冲突对非洲核电领域的影响较小，非洲各国根据各自的可持续发展目标、能源系统建设目标和经济发展需要，结合各自核电站建设前期的基础工作，正在按部就班地筹备首座核电站建设。

二、东南亚及南美洲国家在俄乌冲突后尚未有明确的立场转变

南美国家发展核电的立场受俄乌冲突的影响普遍较小。如巴西，其能源结构和电力结构以水电为主，并计划提升核电在未来能源结构中的作用。巴西提出要继续保持核电发展，装机规模实现翻倍。据报道，巴西 2031 年核电发电量预计将从 2021 年底的 147 亿千瓦时增长至 340 亿千瓦时，核电在电力结构中的占比也将从 2.2% 提高至 4.0% 左右。一方面，近年来巴西国内极端天气频发，干旱天气导致水电出力严重不足，造成电力供应出现了较大缺口，为应对这一挑战，巴西将核电作为电力供应保障的重要补充。另一方面，核电可作为巴西实现净零排放目标的重要手段。2021 年

12 月，在第二十六届联合国气候变化大会（COP26）上，巴西宣布了实现 2050 年气候中和的承诺。2021 年 12 月，巴西出台了《巴西国家能源计划》和《巴西可再生能源规划》，提出到 2024 年将分别新增风电、太阳能发电、水电装机容量 2700 万千瓦、700 万千瓦和 2700 万千瓦，计划 2025 年所有能源消费的 91% 为可再生能源，2030 年除水电以外的可再生能源装机份额扩大至现有总装机容量的 28% 以上。2022 年 11 月，巴西更新了国家自主贡献（NDC），即与 2005 年相比，到 2025 年国家减排目标从 37% 提高至 48%，到 2030 年前从 50% 提高至 53%。因此，核电作为可靠的低碳能源供应，将为巴西实现净零排放提供重要支撑。

巴西核电建设高度国有化。巴西现有核电站均由国内核电公司建设完成，且计划继续在两座核电厂建造 8 台核电机组，总装机容量为 1000 万千瓦至 1260 万千瓦。中国核工业集团、俄罗斯国家原子能公司、韩国水利核电公司、西屋公司均对巴西的新核电项目表达了合作意向，但巴西始终坚持核电的自主化发展路线，也从侧面反映出其对核电发展的重视。巴西 2023 年能源消费结构和巴西 2023 年电力消费结构分别如图 7–1、图 7–2 所示。

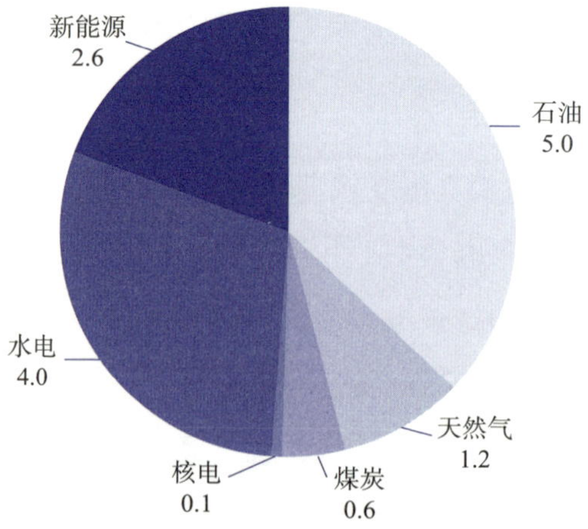

图 7–1　巴西 2023 年能源消费结构（单位：艾焦）

数据来源：Energy Institute Statistical Review of World Energy

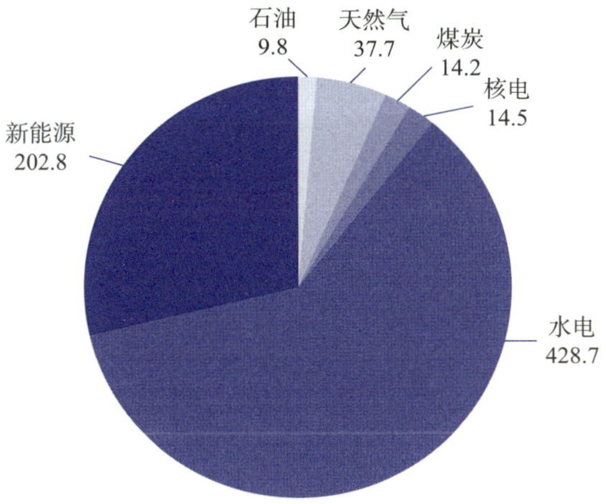

图 7–2　巴西 2023 年电力消费结构（单位：太瓦时）

数据来源：Energy Institute Statistical Review of World Energy

阿根廷能源消费以天然气为主，但气源供应受限，积极发展核电进行补充。天然气是阿根廷的主体能源。虽然阿根廷拥有丰富的页岩气地质储量，但仍需要依靠进口液化天然气（LNG）满足其国内需求。阿根廷主要从南美各国进口天然气资源，但由于天然气供应受国际市场影响，价格波动较大，其天然气发电面临着气源供应缺口。因此，阿根廷提出具有针对性的能源发展措施，一是到 2025 年将可再生能源在电力消费中的比重提高至 20%，二是重启核电站的建设。阿根廷 2023 年能源消费结构和阿根廷 2023 年电力消费结构分别如图 7–3、图 7–4 所示。

阿根廷核电技术均为进口，先后与德国、加拿大和中国进行技术合作，中阿核电合作是我国核电“走出去”的代表之一。2022 年 2 月，中国和阿根廷就核能等领域的合作达成共识，中核集团将为阿根廷建造阿图查核电站 3 号机组。此次的核电出口，也为中国核电“走出去”积累了宝贵的经验。一是政治先行。2018 年 12 月，中阿两国签署了《未来五年两国行动计划（2019—2023）》；2022 年 2 月，中阿两国发布了《关于深化中阿全面战略伙伴关系的联合声明》；2023 年 2 月，中阿两国发布了

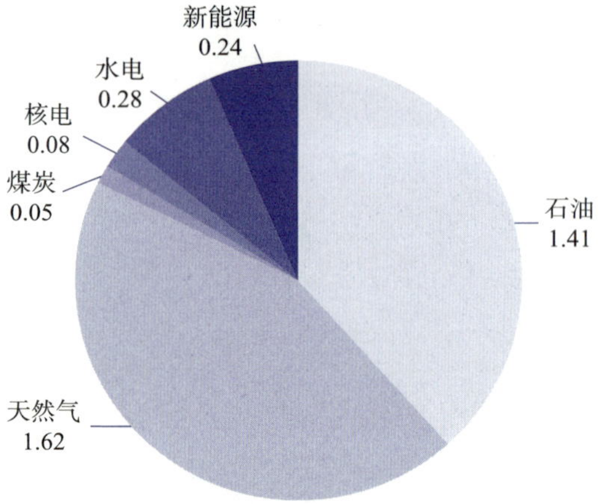

图 7–3　阿根廷 2023 年能源消费结构（单位：艾焦）

数据来源：Energy Institute Statistical Review of World Energy

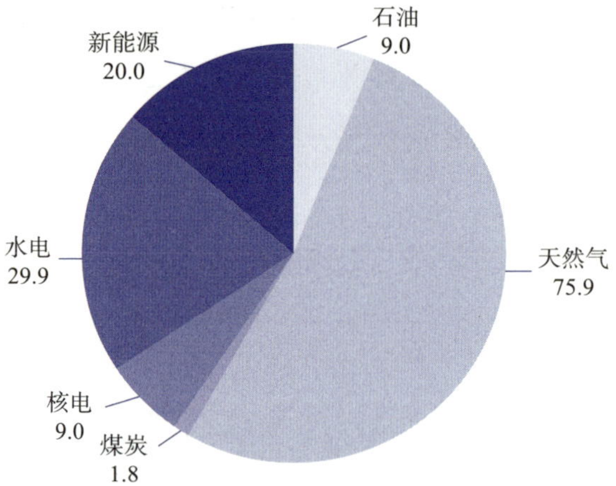

图 7–4　阿根廷 2023 年电力消费结构（单位：太瓦时）

数据来源：Energy Institute Statistical Review of World Energy

《关于共同推进丝绸之路经济带和 21 世纪海上丝绸之路建设的合作规划》，表明中阿两国在高质量共建“一带一路”的框架下，具有较好的政治合作互信，为中国开拓阿根廷核电市场提供了有利条件。然而，2023 年 11 月极右翼政客米莱当选阿根廷总统，其毫无保留的亲美和反华主张为中阿核电合作蒙上了一层阴影。二是安全保障。在美国三哩岛核泄漏事故、苏联切尔诺贝利核电厂事故、日本福岛核事故的深刻教训下，核电站的安全性和稳定性成为核电国际合作的重要考量。“华龙一号”是我国自主研发的第三代反应堆技术，其压水堆采用了负反馈系统，可以自发降低反应堆反应速率从而阻止功率暴增，同时压水堆还设计有 1.3 米和 1.5 米厚的双层混凝土外壳，外部抗震、绝热和密封性能优异。“华龙一号”技术已先后在福建福清、广西防城港投入商业运行，安全保障处于较高水平。三是成本优势。一方面中国装备制造与供应能力稳步提升，核反应堆投资建设成本有望继续下降。然而，在欧盟碳边境调节机制的冲击下，关于核电作为终端设备是否划入排放范围尚无定论，核电在成本方面面临的挑战还需要进一步观察。另一方面出口核电往往需要配套资金支持。如阿根廷等国家也将核电作为吸引投资的一种手段，对资金支持的关注高于本国核电站建设本身。

第八章　总　结

一、2020 年以来世界宏观形势迎来重要的新变化和新趋势，促使核电从低迷期转向新一轮大发展阶段

核电行业发展对宏观环境高度敏感，政治、军事、经济、科技、民意等众多领域的形势变化都会改变核电发展的前景。2020 年以来，世界宏观形势发生了重要的新变化，形成了全球奔向碳中和的低碳发展新趋势，叠加大国博弈、科技和产业竞争等长期变量，为世界核电发展创造了有利条件，促使核电走出低迷期，进入了新一轮大发展阶段。

碳中和、科技革命、产业竞争、俄乌冲突、能源危机等宏观变量叠加，各国更加注重兼顾能源安全和能源转型。近年来，全球地缘、能源、气候变化、科技革命、产业竞争等宏观变量先后登场，共同塑造了世界核电发展的新形势、新环境。首先，2019 年欧盟率先提出 2050 年碳中和目标，各国陆续跟进，应对气候变化和加快能源低碳转型的决心空前高涨。其次，新冠疫情重创全球经济，部分产业链供应链中断，在大国博弈背景下欧美着手构建友好国家供应链体系，密集出台政策支持本国低碳产业。再次，经济复苏和能源需求反弹，以欧洲为代表、以天然气为主角的大范围能源短缺上演，蔓延至煤炭、石油、电力等多个品种。最后，俄乌冲突爆发，天然气危机加剧，从欧洲扩散至全球，发展成为与历次世界石油危机相提并论的重要历史事件。宏观政策优先事项发生了快速切换，从气候

变化和能源低碳转型，转向经济安全和产业竞争力，又转向能源安全，再转向地缘政治和能源独立，反映出各国对安全、经济、绿色低碳等多元价值观的认识深化过程，对协调能源安全、气候变化和能源转型、产业竞争力等多目标的难度以及对能源低碳转型的长期性、艰巨性、复杂性有了更加清醒的认识，同时各国也将保障能源转型过程中的能源安全视为优先考量。

宏观形势的变化为世界核电发展打开了崭新的局面。一是2021年能源危机以来，各国能源政策向能源安全聚焦，短期内甚至将其置于气候变化和能源成本之先，多国重新考虑核电定位及其对能源安全的重要作用，欧盟最终将满足核安全和环境安全要求的核能纳入绿色能源范围，意在扩大核能投资。二是气候变化和能源低碳转型战略方向不改，核电作为稳定的非化石能源，是兼顾能源安全与碳排放削减双重目标的主要途径之一，发展预期不断提升。国际能源署在2022年和2023年的报告中两次提高核电发展目标，提出2050年核电装机容量达9.16亿千瓦，平均每年新增2600万千瓦、带动约1000亿美元投资。2023年第二十八届联合国气候变化大会（COP28）上，美国、法国等22个国家发布《三倍核能宣言》。2024年首届全球核能峰会发布《核能宣言》。三是世界低碳发展共识为清洁能源产业带来新的契机，包括核能在内的低碳能源市场将快速增长。为抢占未来制高点，美欧密集出台法案支持本土制造业，核电产业亦受益。全球新一轮能源科技革命方兴未艾，先进核能技术和核能多元化技术应用前景广阔。

二、俄乌冲突开创了战争中“核电豁免”先例，俄罗斯核电国际合作的潜在风险上升

俄乌冲突中核电站安全得以保障，为日后的“核电豁免”开创了先例。一方面，俄乌冲突中部分核电站受到炮击并引发安全担忧。乌克兰境

内核电站及附属设施遭军方炮击，切尔诺贝利核电站受到重型军用车辆搅动的影响，辐射测量值增高，评估后认为不存在风险。国际原子能机构认定这是首次在大型核电设施周边区域进行的军事行动。扎波罗热核电站多次遭炮击，尽管未发生任何核泄漏，但引发全球对严重核事故的担忧，核安全问题再次成为公众关注焦点。另一方面，国际社会全力保障核电站安全并明确划清底线。联合国针对乌克兰境内核电站内部及周边不断演变的局势，提出不要把核电站设施或周围环境作为打击目标，设立了非军事化的安全边界。国际原子能机构向扎波罗热核电站派驻了观察团，提供了有针对性的技术支持。截至目前，以扎波罗热核电站为代表的大型核设施运行安全得到基本保障，为日后军事冲突中的“核电豁免”共识奠定了基础，增强了安全发展的信心。

俄乌冲突重塑能源地缘政治版图，对俄罗斯核电发展当前影响有限但未来风险明显上升。一方面，核电是俄罗斯实现碳中和的主要途径，是其出口战略的支柱之一。俄罗斯国内核电占比稳定在 20% 左右，提出 2060 年前碳中和目标，《俄罗斯 2030 年能源战略》明确将核能与可再生能源作为未来发展重点。此外，俄罗斯高度重视核电出口，将其作为国家出口战略的重点之一，强化其在核电市场中的领导地位，着力打造核电技术品牌。俄罗斯政府对此给予极大支持，在外交活动中总统亲自推销，促成与土耳其、埃及等多个订单，并在融资、乏燃料回收等方面给予专项配套政策。俄罗斯国家原子能集团公司（ROSATOM）发挥“政企合一”优势，获得十余个国家的数十台核电机组订单，全球市场占有率较高。**另一方面，俄乌冲突后，核电成为俄罗斯外交的重要支撑，在核燃料市场中的地位或将削弱。**俄乌冲突使美欧联手对俄制裁，涉及煤炭、石油、天然气等，但暂未纳入核电。欧盟试图与俄能源脱钩，以天然气为纽带与美国建立能源依赖，美欧形成“抱团之势”。俄罗斯对欧能源贸易受挫，转向扩大亚洲市场。地缘政治和能源格局演变暂未影响俄罗斯核电“走出去”，俄罗斯与东欧、中亚等国的既有核电项目持续推进，并不断开拓中亚、北非和西非等地的市场。但在核燃料领域，一方面，西方企业借机挤压俄核燃料出口份额，西屋、法马通等公司与保加利亚、捷克、乌克兰等签署长期核燃料供应协议。另一方面，西方国家着手筹建自主的核燃料供应体系，试图替代俄罗斯核燃料供应，美国通过《禁止进口俄罗斯铀法案》，预计未来西方对俄罗斯核燃料的依赖程度将逐步降低。

三、各国核电发展政策的“变”与“不变”

宏观环境的新变化和新趋势，引发各国核电发展政策的重大变化，尽管有坚定不移的“不变派”，但更多经济体则及时调整，从弃核、减核或停滞观望转向“拥核派”，提出了积极发展核电的战略目标和实施路径。

核电发展政策的“不变派”可分为两种。一边是以德国、西班牙为代表的“坚定弃核派”。德国已于 2023 年 4 月关闭所有核电站，实现“弃核”。德国是欧盟最大碳排放国，提出 2045 年碳中和目标，可再生能源发展成效显著，电力系统冗余度较高，因此“弃核”相对容易。更关键的是，德国国内反核民意较强，政治党派将此作为“政治筹码”，“弃核”被视为政治正确。但 2030 年实现“退煤”难度较大。此外，西班牙于 2024 年初批准《放射性废物第七个总体计划》，确定将于 2035 年关闭国内剩余五座核电站，这是其继 2025 年“退煤”后的又一个重要目标。另一边是以沙特、阿联酋为代表的“坚定发展派”，为实现本国的能源乃至经济社会的战略转型，中东国家先期已制定了宏大且长远的核电发展规划。

多数发达经济体转为“拥核派”，提出核电振兴战略和支持政策。欧盟对核电发展态度转向积极。由于深受能源危机之苦，且面临艰难的地缘政治环境，欧盟认识到在减少对俄天然气和化石能源依赖的过程中，核能和具有成本效益的小型模块化反应堆具有重要战略价值，可替代煤电配合高比例可再生能源发展。欧盟将核电纳入可持续投资的“过渡”能源，而且在近期讨论的2040年气候目标和路线图中，提出尽快建立欧洲SMR产业联盟，于2030年前部署首批项目。欧盟多数国家对核电逐渐形成积极发展的共识，将其作为战略自主和安全降碳的重要抓手。

法国重新审视核电对保障能源安全的重要作用。法国政府提出重振核电战略，将全球最大核电公司法国电力公司（EDF）进行100%国有化，以实现控制法国电力供应和核电发展的目标。2023年《加速核能发展法案》完成了重振核电的立法，取消了2015年设定的“到2035年法国核电发电量占比不超过50%的上限”。2024年《能源主权法案》草案纳入了6座新EPR反应堆以及8座备选反应堆，却未提及可再生能源发展目标，因此备受关注。此外，法国政府在新的核电电价监管中，确定2026年后核电上调至70欧元/兆瓦时。

英国政府重新启动了核电发展步伐。新的《能源安全战略》系统阐述了加快海上风电、太阳能发电、先进核能等政策安排。强调要加大核能开发利用，计划2030年前开工建设8座核电站，2050年核电装机容量达到2400万千瓦，核电发电量占比由当前的15%上升至25%。此外，推动SMR发展，计划未来25年建造16座SMR。2024年发布《民用核电2050路线图》阐明关键行动和时间表。

日本最终确定了积极发展核能的政策方向。福岛核事故后，日本重启核电步履艰辛，但为实现2030年碳排放在2013年基础上削减46%及2050年碳中和目标，最终在2023年的《实现绿色转型（GX）基本方针》中确定了核电发展计划，不但重申了第六版《能源基本计划》中将2030年核电比重提高到20%～22%的目标，而且提出研发和建设采用新安全机制的新一代核反应堆，计划未来10年发行20万亿日元新国债以支持企业的脱碳投资。2023年进一步发布《未来核政策方向与行动指南（草案）》，细化相关配套政策。2022年日本还公布了“创新堆开发技术路线图”，重点研发小型轻水堆、钠冷快堆、高温气冷堆和核聚变等。

韩国新政府转向积极推动核电发展。2022 年“拥核”总统尹锡悦上台，叠加俄乌冲突影响，韩国提出恢复核电，扩大核电出口，投入 4000 亿韩元（约合 3 亿美元）开发 SMR。2023 年《第十次电力供需基本计划》提出，将 2030 年核电在发电量中的比重提升至 32.4%。2024 年提出支持规模为 3.3 万亿韩元的核电订单和 1 万亿韩元规模的特别融资。通过顶层设计、组织架构和有效措施，韩国核电“走出去”成效显著。尹锡悦提出到 2030 年获得 10 个海外核电订单，要在 2026 年跻身全球五大核电出口强国之列，并纳入高层外交。2022 年成立“核电出口战略推进委员会”，负责系统实施和评估核电出口战略。韩国电力公社作为牵头企业对外签订核电出口合同，协调国内供应链企业。

美国长期投入研发并逐步重启核电建设。1979 年三哩岛事故掀起反核浪潮，美国核电发展陷入漫长的低迷期。2010 年奥巴马总统提出复兴核电，成为 30 年来首次政策上的转变。2012 年美国核管理委员会批准了新的核电站申请，但推进缓慢，直至 2022 年才首次建成并网。美国确定了 2050 年碳中和、2035 年零碳电力系统的目标，此后《两党基础设施法案》《通胀削减法案》出台，通过了民用核信贷计划、新能源与碳排放产业的财税激励等政策。俄乌冲突以来美国对核电发展的重视程度有所提高，继续巩固在全球市场中的竞争力与技术优势，并深度开拓盟国市场。美国长期重视核能研发，持续提供资金开展基础理论研究和先进核能技术示范。

四、发展中国家将核电作为经济增长的重要保障面临较多挑战，引来核电大国竞相争夺

对广大发展中国家而言，加快经济社会发展是其核心诉求，迫切需要安全稳定的电力供应以保障经济增长和消除贫困，因此更加看重能源电力的可负担性，对投资规模巨大的核电项目普遍持谨慎态度。

印度对发展核电态度积极，此前在与俄罗斯合作中建立起本国核工业

体系，在俄乌冲突中未发起对俄谴责。同时，加强同美国、法国等国合作。印度在逐步降低对外国核电依赖的过程中，大力培育和扶持国内核电产业发展。

非洲国家电力供应短缺长期制约经济发展，且深受气候变化的不利影响，对核电发展意愿强但基础弱，市场处于起步期。尽管潜力巨大，但受制于薄弱的电力基础设施和产业配套及技术能力，依赖合作方在融资、产业和技术方面给予全面支持。核电大国在非洲多有布局。俄乌冲突基本没有对非洲核电国际合作造成实质性影响，由俄罗斯主导建设的埃及核电项目也在正常推进。

南美洲国家将核电定位为能源电力系统的重要补充。巴西能源电力结构倚重水电，受季节和气候影响波动较大，亟需核电补充，其核电发展坚持自主化和国有化，中国核工业集团、俄罗斯国家原子能公司、韩国水利核电公司、西屋公司都在与其积极沟通。阿根廷也将核电作为应对天然气缺口的主要手段，提出重启核电建设。

参考文献

［1］邹才能，何东博，贾成业，等．世界能源转型内涵、路径及其对碳中和的意义［J］．石油学报，2021，42（2）：233–247.

［2］吕建中．欧洲能源危机的启示与思考［J］．世界石油工业，2022，29（1）：2–7.

［3］林伯强．全球能源危机凸显中国低碳转型紧迫性［J］．中国电力企业管理，2022（19）：6–7.

［4］张皓旭，王利宁，等．此轮欧洲能源危机的原因、应对及启示［J］．国际石油经济，2023，31（5）：32–38.

［5］国际可再生能源署．Renewable Power Generation Costs in 2022［EB/OL］．https://www.irena.org.

［6］国际原子能机构．Nuclear Power Reactors in the World（2023）［EB/OL］．https://www.iaea.org/.

［7］中国核能行业协会．中国核能发展报告（2022）［M］．北京：社会科学文献出版社，2023.

［8］中国核电发展中心．核电知识手册［M］．北京：新华出版社，2022.

［9］王轶君，余功铭．全球核电现状及发展前景展望［J］．世界石油工业，2022，29（4）：78–80.

［10］伍浩松，王兴春．2023 年世界核电产业发展回顾［J］．国外核新闻，2024（2）：21–29.

［11］张林．全球核电大国核电产业国际竞争力分析［J］．中国核电，2021，14（5）：739–743.

［12］国际能源署．Nuclear Power and Secure Energy Transitions［EB/OL］．https://www.iea.org/reports/nuclear-power-and-secure-energy-transitions.

［13］中国电力企业联合会．中国电力行业年度发展报告：2023［M］．北京：中国建材工业出版社，2023.

［14］李伟强．清洁高效核电保障我国能源安全和“双碳”目标的实现［J］．中国能源，2022，44（11）：42–48.

［15］李海，李际．核电或成能源低碳转型现实选择［EB/OL］．https://proapi.jingjiribao.cn/readnews.html?id=270286.

［16］江思羽．碳中和目标下的欧盟能源气候政策与中欧合作［J］．国际经济评论，2022（1）：134–154+7–8.

［17］张立锟．欧盟绿色能源转型政策成效及对中国的启示［J］．国际石油经济，2024，32（2）：50–57.

［18］李鸿鹏，孙小凯，李林蔚．欧洲能源危机对我国发展核能带来的启示［J］．中国能源，2022，44（9）：57–68.

［19］张帆，商凯伦．碳中和背景下世界主要经济体能源治理体系研究［J］．中外能源，2023，28（11）：1–8.

［20］张友国，蒋鸿宇．统筹“双碳”目标下的能源转型与能源安全［J］．世界社会科学，2023（4）：121–146+244–245.

［21］潘家华，董秀成，崔洪建，等．欧洲能源危机及其影响分析［J］．国际经济评论，2023（1）：9–37+4.

［22］韩显阳．从能源危机看欧洲核电的去与留［N］．光明日报，2022-09-06（10）.

［23］霍沫霖．法国电力战略转型的经验与启示［J］．能源，2023（3）：42–46.

［24］秦天宝，吴羽涵．碳中和目标下法国应对气候变化法制及其启示［J］．世界社会科学，2023（5）：118–132+244–245.

［25］胡德胜．德法英能源供给结构变革与制度演进及其对中国的启示［J］．西安交通大学学报（社会科学版），2022，42（4）：61–73.

［26］李岚春，陈伟，岳芳，等．英国碳中和战略政策体系研究与启示［J］．中国科学院院刊，2023，38（3）：465–476.

［27］张乾志，王文涛，陈文颖．欧盟及英国能源与气候政策及启示［J］．中国人口·资源与环境，2023，33（2）：81–91.

［28］British Energy Security Strategy［EB/OL］. https://www.gov.uk/government/publications/british-energy-security-strategy/british-energy-security-strategy.

［29］李品，谢晓敏，黄震．德国能源转型进程及对中国的启示［J］．气候变化研究进展，2023，19（1）：116–126.

［30］魏超．德国政府能源转型的目标、路径及思考［J］．中国能源，2022，44（10）：71–77.

［31］刘之琳，许传龙，郑海峰，等．德国关停核电前后保供应促消纳经验分析［J］．中国电力，2023，56（10）：145–152.

［32］伍浩松，孟雨晨．意大利或在未来十年重启核能发电［J］．国外核新闻，2023（10）：6.

［33］刘依陶．美国海外核电市场开发政策解读及策略研究［J］．能源，2023（9）：53–56.

［34］洪涛．美国特朗普政府核能政策介绍［J］．中国核电，2019，12（6）：687–690.

［35］伍浩松，张焰．美国核能 2023 年 10 大进展［J］．国外核新闻，2024（1）：1–3.

［36］李光升，孟雨晨，蔡莉．美国与菲律宾核能合作分析［J］．国

外核新闻，2024（1）：29–31.

［37］杨俊云，杨鹏，李晨曦．美国积极谋篇布局全球核能增长新周期［J］．国外核新闻，2024（6）：17–18.

［38］薛斯．奥巴马时期美国新能源安全战略及我国的应对［D］．河北师范大学，2015.

［39］江涛．拜登政府的能源政策：主张、制约与应对［J］．中国石油大学学报（社会科学版），2022，38（6）：55–63.

［40］张健，陈云轩，张亦诺．拜登政府气候政策：动因、框架与缺陷［J］．和平与发展，2023（4）：25–50+156–157.

［41］李巍，宋亦明．特朗普政府的能源与气候政策及其影响［J］．现代国际关系，2017（11）：32–41+64–65.

［42］伍浩松，张焰．美能源部为实现电力部门净零碳排放建议十项行动［J］．国外核新闻，2023（6）：25–28.

［43］汪制邦，刘满平．美国能源政策转变对全球能源市场影响及我国对策［J］．价格理论与实践，2023（7）：24–29.

［44］伍浩松，李晨曦．美能源部为推进核技术研发提供 850 万美元资助［J］．国外核新闻，2021（12）：3.

［45］刘伟伟，张博宇．日本为何难弃核？——基于政策终结理论的分析［J］．社会科学，2017（5）：12–24.

［46］陈文学．日本福岛核事故的影响与我国核电企业的战略应对［D］．西南交通大学，2012.

［47］2024 Statistical Review of World Energy［EB/OL］.（2024–06–07）. https://www.energyinst.org/statistical–review.

［48］Press Conference by Minister Kajiyama on 2050 Carbon–Neutral Green Growth Policy［EB/OL］.（2023–09–11）. https://www.meti.go.jp/english/speeches/press_conferences/2020/1026001.html.

［49］Outline of Strategic Energy Plan［EB/OL］. https://www.enecho.meti.go.jp.

［50］邓琨．俄乌冲突对全球核电市场的影响分析［J］．产业与科技论坛，2023，22（11）：15–17.

［51］内阁会议通过了“脱碳增长型经济结构过渡推进战略”［EB/OL］.（2023–09–14）. https://www.meti.go.jp/press/2023/07/20230728002/20230728002.html.

［52］经济产业部决定了“今后核能政策的方向性和行动指南”［EB/OL］.（2023–09–14）. https://www.meti.go.jp/press/2023/04/20230428005/20230428005.html.

［53］At COP28, Countries Launch Declaration to Triple Nuclear Energy Capacity by 2050, Recognizing the Key Role of Nuclear Energy in Reaching Net Zero［EB/OL］.（2023–12–04）. https://www.energy.gov/articles/cop28-countries-launch-declaration-triple-nuclear-energy-capacity-2050-recognizing-key.

［54］参考消息网．韩媒：韩国政府承诺2050年将实现碳中和［EB/OL］.（2020–10–30）. https://baijiahao.baidu.com/s?id=1681979260958833154&wfr=spider&for=pc.

［55］新浪财经综合．韩国通过《碳中和与绿色增长框架法》［EB/OL］.（2021–09–23）. https://finance.sina.com.cn/esg/ep/2021-09-23/doc-iktzqtyt7561222.shtml.

［56］中国核能行业协会．韩国：核电领域后起之秀［EB/OL］.（2010–04–14）. https://www.china-nea.cn/site/content/18039.html.

［57］人民网．韩国击败法国获捷克核电项目青睐　现政府欲“核电强国”［EB/OL］.（2024–07–24）. http://korea.people.com.cn/n1/2024/0724/c407882-40284688.html. 2024–07–24.

［58］韩国《中央日报》. 尹锡悦总统：为培养新一代核电产业将投资 4 万亿韩元［EB/OL］.（2024–02–22）. https://chinese.joins.com/news/articleView.html?idxno=114063.

［59］韩国推广新型小堆 i–SMR［EB/OL］.（2023–12–10）. https://mp.weixin.qq.com/s/UScPp2k92B_WX_rG9hhJlQ.

［60］国际电力网. 韩国水电与核电公司将与美国 Centrus 建立浓缩铀供应链［EB/OL］.（2023–04–28）.https://power.in–en.com/html/power–2428334.shtml.

［61］商务部. 非盟启动绿色复苏行动计划［EB/OL］.（2021–07–15）. http://africanunion.mofcom.gov.cn/article/jmxw/202107/20210703179958.shtml.

［62］俄罗斯卫星通讯社. 埃及宣称与俄罗斯建立核领域战略伙伴关系［EB/OL］.（2017–09–19）. https://sputniknews.cn/20170919/1023627216.html.

［63］商务部. 非洲国家期待 2030 年发展核能［EB/OL］.（2022–08–26）. http://nsd.mofcom.gov.cn/article/ztdy/202208/20220803343825.shtml.

［64］俄罗斯卫星通讯社. 俄副总理：埃及埃尔达巴核电站正在超前建设［EB/OL］.（2023–03–20）. https://sputniknews.cn/amp/20230320/1048841018.html.